Alexander Strauch

Zusammen wirksam leiten

Ein praktischer Ratgeber zur Durchführung von Ältestentreffen und Leitungskreisen

Alexander Strauch

Zusammen wirksam leiten

Ein praktischer Ratgeber zur Durchführung von Ältestentreffen und Leitungskreisen

Christliche Verlagsgesellschaft
Dillenburg

Strauch, Alexander
Zusammen wirksam leiten

ISBN 3-89436-397-5

Umschlaggestaltung: Eberhard Platte, Wuppertal
Satz: Enns Schrift & Bild, Bielefeld
Übersetzung: Georg Hagedorn
Druck: Ebner & Spiegel, Ulm
Printed in Germany

Inhalt

Einleitung

Als ich einmal in einer Gemeinde als Gastprediger eingeladen war und nach der Zusammenkunft hinten im Gemeindesaal stand, bekam ich eine merkwürdige Unterhaltung mit. Drei Gemeindeälteste besprachen den Termin für ihre nächste Sitzung. Einer bestand darauf, sich in der nächsten Zeit nicht zu treffen, da er zu beschäftigt sei. Ein anderer meinte, dass die Angelegenheiten ohne Weiteres in weniger als 10 Minuten behandelt werden könnten. Die anderen beiden stimmten dem Vorschlag bereitwillig zu und so besprachen sich die Ältesten, während sich die anderen Gemeindeglieder unterhielten oder nach Hause gingen, auf der Stelle im Stehen.

Es schien diesen Männern nicht in den Sinn zu kommen, Gott im Gebet um Führung für ihre Entscheidungen zu bitten. Auch schien es sie nicht zu stören, dass sie damit ihren Hirtendienst vernachlässigten, da sie nun keine Zeit hatten, die Menschen zu begrüßen und sich um sie zu kümmern. Doch Gott strafte sie nicht mit dem Tod für ihre Gleichgültigkeit, wie er es mit den nachlässigen Priestern Nadab und Abihu[1] getan hatte. Stattdessen war ihre Gemeinde einige Jahre später dem Tode nahe.

Obwohl das Desinteresse dieser Ältesten ein extremes Beispiel ist, veranschaulicht es doch die weit verbreitete Gleichgültigkeit der Ältesten gegenüber regelmäßigen Treffen. In einigen Kreisen gelten diese Zusammenkünfte sogar als verpönt oder sie genießen einen schlechten Ruf.

Gott strafte sie nicht mit dem Tod für ihre Gleichgültigkeit, wie er es mit den nachlässigen Priestern Nadab und Abihu getan hatte. Stattdessen war ihre Gemeinde einige Jahre später dem Tode nahe.

Wenn auch viele Älteste ihre Treffen nicht schätzen, so ist ihnen doch bewusst, dass sie gemeinsam zusammenkommen müssen, weil Ältestenschaft in der Gemeinde geteilte Leiterschaft ist. Dennoch sind sich viele der Wichtigkeit ihrer Treffen nicht bewusst. Sie erkennen nicht, welchen Einfluss ihre Zusammenkünfte auf sie selbst und auf alle Aspekte des Gemeindelebens haben.

Deshalb verfolge ich mit diesem Buch zwei Ziele:

Zunächst möchte ich erklären, warum Ältestentreffen von enormer Wichtigkeit sind. Bei diesen Zusammenkünften wird weit mehr besprochen als Gemeindefinanzen und Termine.

Viele Älteste sind müde, an ziellosen und unproduktiven Treffen teilzunehmen.

Solche Besprechungen formen den Charakter, schaffen ein Zusammengehörigkeitsgefühl, halten die Hirten in der Rechenschaft, klären Lehrfragen, erzeugen eine geistliche Schau und entzünden die Kraft des Gebetes. Des Weiteren bieten diese Zusammenkünfte ein Trainingsfeld für zukünftige Älteste.

Zweitens möchte ich Ältesten helfen, ihre Treffen effektiver zu halten. Viele Älteste sind müde, an ziellosen und unproduktiven Treffen teilzunehmen. Ein Ältestentreffen ist oft eine zusätzliche Belastung, doch Zusammenkünfte, die nichts erreichen, sind doppelt frustrierend. Aber auch die Herde Gottes leidet, wenn die Hirten ihre Aufgaben unzureichend ausführen. Aus diesem Grund habe ich eine Reihe von Richtlinien für einen fruchtbaren Ablauf der Ältestentreffen zusammengetragen. Obwohl dieses Buch in erster Linie für Älteste geschrieben wurde, können die Prinzipien auch auf die Treffen der Diakone oder anderer Gemeindekreise übertragen werden.

Ältestentreffen müssen keine langweilige Zeitverschwendung sein. Frustrierende, ermüdende und uneffektive Zusammenkünfte können in geistlich produktive und persönlich erfüllende Treffen verwandelt werden. Das vorliegende Buch stellt biblische Prinzipien und praktische Vorschläge vor, um

- die gottgegebene Kreativität anzufachen, damit Verbesserungen entwickelt werden können, die auf die jeweilige Situation der Ortsgemeinde zugeschnitten sind;
- herauszufordern, unsere Treffen zu bewerten und zu verbessern;
- Teamfähigkeit und Kommunikationsfertigkeiten zu fördern;
- Raum für notwendige Veränderungen zu schaffen;

- Gottes Wort auf unsere Treffen und unseren Dienst anzuwenden;
- Christus in die Mitte unserer Treffen zu stellen.

Im Teil 3 dieses Buches finden sich Fragen und Beispiele, die helfen sollen, Stärken und Schwächen unserer Treffen zu bewerten und Bereiche zu erkennen, die der Verbesserung bedürfen. Dieser Abschnitt zeigt Schritt für Schritt auf, wie die Anregungen dieses Buches diskutiert und umgesetzt werden können.

Durch das gesamte Buch hindurch werden Lernverse vorgeschlagen. Wir sollten diese Lernaufgaben ernst nehmen, da sie uns helfen, unseren Hirtendienst und unsere Ältestentreffen zu verbessern. Gottes Wort muss in unseren Herzen und Gedanken eingebettet sein, so dass es unser Verhalten, unsere Einstellung und unser Handeln während der Treffen lenkt. Ziel ist es, unsere Treffen auf Christus hin auszurichten, Gott zu verherrlichen und eine bessere Fürsorge für die Herde zu haben.

Teil I

Die Bedeutung von Ältestentreffen

Vom 2. Buch Mose bis hin zum Jakobusbrief sehen wir, wie Gottes Volk immer einen Ältesten-Rat hatte, der es führte. Selbst um den Thron Gottes gibt es einen Rat von Ältesten (Offb 4,4). Das Neue Testament lehrt, dass biblische Ältestenschaft eine Führung durch eine Mehrzahl von qualifizierten und durch den Geist Gottes gewählten Männern bedeutet. Es beschreibt uns die Ältesten als Hirten, Aufseher, Verwalter und Leiter der Ortsgemeinde. Ebenso wird aufgezeigt, dass die Gemeindeleitung stets aus einer Mehrzahl von Ältesten besteht. (Siehe Anhang A: Gleichheit und Vielfalt innerhalb der Ältestenschaft.)

Älteste handeln als Gruppe, fungieren als gemeinsamer Leitungs-Rat und sie leiten auch die Gemeinde im Team. Ein wichtiger Teil ihres Dienstes kann nur durch das gemeinsame Treffen als Rat vollbracht werden. Die unten stehenden Verse zeigen, was das Neue Testament über die Ältesten und ihren Dienst aussagt. Diese Verse sind für das Verständnis des vorliegenden Buches von größter Wichtigkeit.

»... *das taten sie* (die Gemeinde von Antiochia) *auch, indem sie es* (die finanzielle Unterstützung) *durch die Hand des Barnabas und Saulus an die Ältesten sandten.«* (Apg 11,30)

Paulus und Barnabas hatten »... *in jeder Gemeinde Älteste gewählt ...«* (Apg 14,23a)

»Die Apostel aber und die Ältesten versammelten sich, um diese Angelegenheit zu besehen.« (Apg 15,6)

»Von Milet aber sandte er (Paulus) *nach Ephesus und rief die Ältesten der Gemeinde herüber.«* (Er sagte zu ihnen:) *»Habt acht auf euch selbst und auf die ganze Herde, in welcher der Heilige Geist euch als Aufseher eingesetzt hat, die Gemeinde Gottes zu hüten, die er sich erworben hat durch das Blut seines eigenen Sohnes! Ich weiß, dass nach meinem Abschied grausame Wölfe zu euch hereinkommen werden, die die Herde nicht verschonen. Und aus eurer eigenen Mitte werden Männer aufstehen, die verkehrte Dinge reden, um die Jünger abzuziehen hinter sich her. Darum wacht ...«* (Apg 20,17.28-31a)

»... *allen Heiligen in Christus Jesus, die in Philippi sind, samt den Aufsehern und Dienern.«* (Phil 1,1b)

»Wir bitten euch aber, Brüder, dass ihr die anerkennt, die unter euch arbeiten und euch vorstehen im Herrn und euch zurechtweisen.« (1Thes 5,12)

»Das Wort ist gewiss: Wenn jemand nach einem Aufseherdienst trachtet, so begehrt er ein schönes Werk. Der Aufseher nun muss untadelig sein, Mann einer Frau, nüchtern, besonnen, sittsam, gastfrei, lehrfähig, kein Trinker, kein Schläger, sondern milde, nicht streitsüchtig, nicht geldliebend, der dem eigenen Haus gut vorsteht und die Kinder mit aller Ehrbarkeit in Unterordnung hält – wenn aber jemand dem eigenen Haus nicht vorzustehen weiß, wie wird er für die Gemeinde Gottes sorgen? – nicht ein Neubekehrter, damit er nicht, aufgebläht, dem Gericht des Teufels verfalle. Er muss aber auch ein gutes Zeugnis haben von denen, die draußen sind, damit er nicht in übles Gerede und in den Fallstrick des Teufels gerät.« (1Tim 3,1-7)

»Vernachlässige nicht die Gnadengabe in dir, die dir gegeben worden ist durch Weissagung mit Handauflegung der Ältestenschaft!« (1Tim 4,14)

»Die Ältesten, die gut vorstehen, sollen doppelter Ehre gewürdigt werden, besonders die in Wort und Lehre arbeiten. Denn die Schrift sagt: Du sollst dem Ochsen, der da drischt, nicht das Maul verbinden, und: Der Arbeiter ist seines Lohnes wert. Gegen einen Ältesten nimm keine Klage an, außer bei zwei oder drei Zeugen! Die da sündigen, weise vor allen zurecht ... Die Hände lege niemand schnell auf (neue oder zurechtgebrachte Älteste), *und habe nicht teil an fremden Sünden! Bewahre dich selbst rein! ... Von*

manchen Menschen (Anwärter auf Ältestenschaft) *sind die Sünden vorher offenbar und gehen voraus zum Gericht, manchen aber folgen sie auch nach. Ebenso sind auch die guten Werke vorher offenbar, und auch die, bei denen es anders ist, können nicht verborgen bleiben.«* (1Tim 5,17-25)

»Deswegen ließ ich dich in Kreta zurück, damit du, was noch mangelte, in Ordnung bringen und in jeder Stadt Älteste einsetzen solltest, wie ich dir geboten hatte, wenn jemand untadelig ist ... Denn der Aufseher muss untadelig sein als Gottes Verwalter ..., der an dem der Lehre gemäßen zuverlässigen Wort festhält, damit er fähig sei, sowohl mit der gesunden Lehre zu ermahnen als auch die Widersprechenden zu überführen.« (Tit 1,5-9)

»Gehorcht und fügt euch euren Führern! Denn sie wachen über eure Seelen, als solche, die Rechenschaft geben werden ...« (Hebr 13,17a)

»Ist jemand krank unter euch? Er rufe die Ältesten der Gemeinde zu sich, und sie mögen über ihm beten und ihn mit Öl salben im Namen des Herrn. Und das Gebet des Glaubens wird den Kranken retten, und der Herr wird ihn aufrichten, und wenn er Sünden begangen hat, wird ihm vergeben werden.« (Jak 5,14-15)

»Die Ältesten unter euch nun ermahne ich (Petrus) ...: *Hütet die Herde Gottes, die bei euch ist, nicht aus*

Zwang, sondern freiwillig, Gott gemäß, auch nicht aus schändlicher Gewinnsucht, sondern bereitwillig, nicht als die, die über ihren Bereich herrschen, sondern indem ihr Vorbilder der Herde werdet! Und wenn der Oberhirte offenbar geworden ist, so werdet ihr den unverwelklichen Siegeskranz der Herrlichkeit empfangen. Ebenso ihr Jüngeren, ordnet euch den Ältesten unter! Alle aber umkleidet euch mit Demut im Umgang miteinander! Denn Gott widersteht den Hochmütigen, den Demütigen aber gibt er Gnade.« (1Petr 5,1-5)

Leider erkennen viele Älteste die Tragweite ihrer Treffen nicht, noch verstehen Sie, welchen Einfluss ihre Treffen auf sie selbst und auf die Gemeinde haben.

Hirtendienst durch einen Rat von Ältesten setzt natürlich voraus, dass diese Männer regelmäßig zusammentreffen. Deshalb sind Treffen ein unumgänglicher Bestandteil des Ältestendienstes. Diese Treffen verfolgen ein wichtiges Ziel, das durch nichts ersetzt werden kann. Leider erkennen viele Älteste die Tragweite ihrer Treffen nicht, noch verstehen Sie, welchen Einfluss ihre Treffen auf sie selbst und auf die Gemeinde haben. Denken wir im Folgenden darüber nach, warum Ältestentreffen so wichtig sind.

Ältestentreffen beeinflussen das geistliche Wohl der Herde

Die Ältestenschaft stellt die grundlegende Führung und den Rat der Gemeinde dar. Deshalb sind ihre Zusammenkünfte sehr vielfältig und beinhalten das Lösen von Problemen, Treffen von Entscheidungen, die Koordination von Gemeindeaktivitäten, Informationsaustausch, Ideensammlung, gemeinsames Studium, Planung und anhaltendes Gebet. Nach dem Neuen Testament sollen die Ältesten gemeinsam:

- die Herde weiden (1Petr 5,2);
- die Herde beaufsichtigen (1Petr 5,2);
- das Volk führen (1Tim 5,17; 1Thes 5,12);
- das Haus Gottes verwalten (Tit 1,7);
- Lehrfragen nachgehen und sie beurteilen (Apg 15,6; Tit 1,9; 2,1);
- Rat weitergeben (Apg 21,17-26).

Wir sehen also, dass diese Zusammenkünfte sozusagen das zentrale Nervensystem im Leib der Ortsgemeinde darstellen.

Es besteht eine klare Verbindung zwischen der Qualität der Ältestentreffen und der Qualität des Hirtendienstes der Ältesten.

Die Ältestentreffen beeinflussen eindeutig das geistliche Wohl der Gemeinde. Worüber die Ältesten sprechen, was sie tun oder nicht tun, wie sie sich gegeneinander verhalten und was sie planen oder auch nicht planen, beeinflusst jedes einzelne Glied der Herde. Deshalb besteht eine klare Verbindung zwischen der Qualität der Ältestentreffen und der Qualität des Hirtendienstes der Ältesten.

Wenn ihre Treffen ziellos und unproduktiv sind, wenn sie nur Räumlichkeiten und Finanzen zum Thema haben und aus ihnen wenig geistliches Leben hervorgeht, wird die Herde die traurigen Folgen davon zu spüren bekommen. Auch die Ältesten werden über die verschwendete Zeit und Anstrengung entmutigt werden. Doch bei effektiven Ältestentreffen hingegen werden gottgefällige Entscheidungen getroffen, Wegweisungen gegeben, Probleme erkannt und gelöst, Pläne verbessert und verfeinert, eine geistliche Sicht wird vermittelt, Sünden werden angegangen, Fehler ans Licht gebracht und der Hirtendienst verbessert. Die Folge ist eine bessere geistliche Versorgung der Herde durch ein dynamisches Ältestenteam.

Die Treffen der Ältesten stellen ein Modell für jeden Ausschuss und jedes Leitungsgremium der Gemeinde dar.

Auch spiegelt der Ältestenrat im Kleinen wider, wie die ganze Gemeinde leben und zusammenarbeiten sollte. Die Treffen der Ältesten stellen ein Modell für jeden Ausschuss und jedes Leitungsgremium der Gemeinde dar. Wenn die Ältesten nach biblischen Prinzipien zusammenarbeiten, veranschaulichen sie damit ein Christus ähnliches Leben des Dienstes, der Liebe, der Einheit, des gegenseitigen Ertragens, der Demut, des Gebetes und der Treue zur Schrift. Ihr Verhalten und ihre Einstellung setzen den Maßstab für die gesamte Gemeinde.

Menschen wollen gute Leiterschaft. Sie wünschen sich Fürsorge, Schutz, geistliche Nahrung, Herausforderung und dass ihnen eine geistliche Sicht und gute Ideen vermittelt werden. Wir sollten sie also nicht enttäuschen und ihnen die gottgemäße Führung und Fürsorge geben, die sie brauchen und nach der sie verlangen. Fangen wir damit an, indem wir unsere Treffen in den Griff bekommen, damit sie auf geistliche Leiterschaft und fürsorgliche Hirtendienste ausgerichtet sind.

Ältestentreffen formen den Charakter

Es gibt keine Absolventen der christlichen Schule für Hirten. Wir alle müssen noch viel lernen, um so wie der Gute Hirte zu werden, der sein Leben für die Schafe gab (Joh 10,11-13). Wir alle müssen arbeiten an unserer

- Liebe und dem Mitgefühl für Menschen;
- Weisheit und unserem Rat;
- Fähigkeit, Menschen und Problemen in Liebe zu begegnen;
- Hingabe zum Gebet.

Obwohl alle Ältesten die moralischen und geistlichen Voraussetzungen erfüllen müssen, um als Älteste dienen zu können, sind sie dennoch weiterhin unvollkommene Menschen, durch Gnade errettete Sünder. Sie haben ihre Fehler, Charakterschwächen, Unzulänglichkeiten, ihre Macken, die der Veränderung bedürfen. Gerade diese Unvollkommenheiten machen eine Zusammenarbeit untereinander manchmal äußerst schwierig. Unter dem Druck der Treffen kommen negative Eigenschaften wie Stolz, schlechte Einstellungen, mangelnde Liebe, Versagen im Umgang mit Menschen oder Herrschsucht zum Vorschein und fordern Korrektur. Unter den gleichen Umständen kommen aber auch Charakterstärken und Fähigkeiten zum Vorschein und werden so zum Segen für alle.

Das Ziel eines jeden Hirten sollte es sein, dem guten Hirten Jesus Christus ähnlicher zu werden. Die Treffen der Ältesten sollen dabei eine Hilfe sein, um vom Wesen Christi geprägt zu werden. Gott hat in meinem Leben die Ältestentreffen dazu benutzt, die Schwächen meines eigenen Charakters aufzudecken, um ihn Christus ähnlicher zu machen. Mack Tennyson spricht diese Wahrheit deutlich an:

> »Ältestentreffen bieten gute Gelegenheit, um das Christentum, das wir predigen, auch zu leben. Die Frucht des Geistes ist Liebe, Freude, Frieden, Langmut, Freundlichkeit, Güte, Treue, Milde und Selbstzucht (Gal 5,22-23). Es ist ein Leichtes, diese Früchte im Gottesdienst oder bei Gemeindezusammenkünften vorzutäuschen. Doch bei Arbeitstreffen wird es schwierig. Wenn wir also das nächste Mal in einer

Sitzung sind und meinen, unsere Zeit zu verschwenden, denken wir daran, dass dies dazu dient, unseren Charakter zu formen.«[1]

Ein Ältester, der korrekturfähig ist, wird bald feststellen, das die Ältestentreffen eine Art Schule für die Entwicklung eines geistgeleiteten Charakters sind. Der Ältestendienst fordert unseren Verstand, Charakter, unsere Kenntnis der Bibel, unser Gebetsleben und unsere Fähigkeiten bis zum Äußersten. Jedes Treffen stellt unsere Liebe, Selbstbeherrschung, Vergebung, Demut, Aufrichtigkeit, Kenntnis des Wortes Gottes, geistliche Weisheit und unseren Hirtendienst auf die Probe.

Weil sie sich mit den schwierigen Fragen und Problemen des Lebens beschäftigen müssen, sind die Ältesten gezwungen, das Wort Gottes zu studieren und anzuwenden wie niemals zuvor. Sie sind auch gezwungen zu beten, wie sie niemals zuvor gebetet haben.

Jedes Treffen stellt unsere Liebe, Selbstbeherrschung, Vergebung, Demut, Aufrichtigkeit, Kenntnis des Wortes Gottes, geistliche Weisheit und unseren Hirtendienst auf die Probe.

Während meiner ersten Jahre als Ältester habe ich mich zum Beispiel mit einem anderen Ältesten nach unseren Treffen immer noch in ein Restaurant gesetzt. Beim gemeinsamen Kaffeetrinken wies mein Freund mich taktvoll auf meine Unzulänglichkeiten hin, die ich während des Treffens zur Schau gestellt hatte. Er zeigte zum Beispiel auf: »Du hörst nicht gut genug zu!«, oder: »Du solltest nicht so schroff sein«, oder: »Du beängstigst die älteren Männer mit deinen Ideen.«

Manchmal war ich entmutigt, wenn ich mir mein beständiges Versagen anhören musste, aber dennoch bat ich meinen Freund, mich weiterhin auf diese Dinge hinzuweisen. Diese gemeinsame Zeit hat mein Leben geprägt und erwies sich als wichtig für meinen Reifeprozess zu einem Christus ähnlicheren Ältestendienst.

Unsere Treffen bieten ein geistliches Übungsfeld, in dem Gott unseren Charakter formen kann, und im christlichen Dienst ist der Charakter das Ein und Alles.

Ältestentreffen formen Führungseigenschaften und göttliche Weisheit

Ältestentreffen stellen ein Trainingsfeld für das Entwickeln von Fähigkeiten für den Hirtendienst und gottgegebener Weisheit dar. Jeder Älteste (vorausgesetzt, er erfüllt die biblischen Voraussetzungen) besitzt einzigartige Fähigkeiten und Einsichten, um diese in der Gruppe einzusetzen und um andere zu belehren. Wenn Älteste sich treffen und zusammen dienen, belehren sie einander und lernen voneinander. König Salomo brachte den Gedanken dieses gemeinschaftlichen Wachstums, das man im Kreis der Ältesten erwarten sollte, zum Ausdruck, als er schrieb: *»Eisen wird durch Eisen geschärft, und ein Mann schärft das Angesicht seines Nächsten«* (Spr 27,17). Charles Bridges erläutert diesen Vers in seinem Kommentar über das Buch der Sprüche: »Ein Eisen, das gegen ein Messer gewetzt wird, schärft die Klinge. Auf gleiche Weise wetzt der Zusammenstoß verschiedener Gedanken unsere Ecken und Kanten ab.«[2]

Der dynamische Austausch während eines Ältestentreffens schärft den Verstand und die Mitteilungsfähigkeit der einzelnen Teilnehmer. Es ist unmöglich, an einem intensiven und auf starkem Austausch beruhenden Treffen teilzunehmen, bei dem schwierige Gemeindefragen besprochen werden, ohne dabei selbst in biblischer Weisheit, im Hirtendienst und in der Bibelkenntnis zu wachsen. Diese Art des Austauschs und Lernens kann man nicht anhand eines Buches oder am Computer lernen, sondern muss durchlebt werden. Deshalb müssen Älteste verstehen, dass jedes Treffen, ganz gleich wie frustrierend oder unproduktiv es auch scheinen mag, eine Gelegenheit zum Lernen darstellt.

Aktive Teilnahme an Ältestentreffen schärft also die Leiterschaft und die Fähigkeit, weisen Rat zu geben. Auch besitzen ein oder mehrere Älteste unter Umständen besondere Weisheit und haben im Laufe der Jahre reiche Erfahrungen im Hirtendienst gesammelt, die anderen eine ungeheure Hilfe sein können, um in ihrem Dienst zu wachsen. Die Bibel sagt uns: *»Wer mit Weisen umgeht, wird weise«* (Spr 13,20). Wenn also unerfahrenere Älteste die Erfahreneren im Umgang mit Menschen und in der Entscheidungsfindung innerhalb des Kreises beobachten, werden sie durch ihr Beispiel lernen. Dies ist ein durchweg biblischer Weg des Lehrens und des Lernens.[3] Deshalb stellen Ältestentreffen eine Schule dar, durch die folgende Bereiche beständig verbessert werden sollen:

- Team-Arbeit
- Kommunikationsfähigkeit
- taktvoller Umgang mit Menschen
- persönliche Organisation
- Fähigkeit zur Leidenschaft
- Fähigkeiten in der Seelsorge
- Fähigkeit zum Hirtendienst

Ältestentreffen verbessern Gruppenmoral und gegenseitige Rechenschaft

Wir sollten uns stets daran erinnern, dass Menschen wichtiger als Treffen sind. Deshalb ist das freundschaftliche Verhältnis der Ältesten untereinander genauso wichtig wie der organisatorische Aspekt der Treffen. Ein Ältestenrat, der sich allein auf die Bewältigung von Aufgaben konzentriert, ist unausgewogen. Innige freundschaftliche Beziehungen sind ein Schüsselelement für eine gesunde Leiterschaft innerhalb einer Gemeinde.

Älteste müssen aktiv daran arbeiten, einen Teamgeist zu entwickeln, in dem sie aufrichtig füreinander sorgen und entsprechend dem Vorbild Christi einander dienen. Das Volk Gottes zu führen, ist nicht einfach. Älteste sind beschäftigte Menschen, die den geistlichen Kampf an vorderster Front kämpfen. Sich Beschwerden anzuhören und sich mit Sünden anderer zu befassen, kann oft sehr ermüdend sein. Selbst Mose brach unter dem Druck der Sünde des Volkes und des Murrens zusammen (4Mo 11,10-15). Je näher sich die Ältesten stehen und miteinander befreundet sind, umso besser können sie dem Druck und Widerspruch widerstehen, die der Gemeindeleitung entgegen gebracht werden.

Die Ältestetreffen bieten einen geregelten sozialen Rahmen, in dem diese sich gegenseitig ermutigen und die Gemeinschaft untereinander pflegen können. Solche Treffen stellen eine Möglichkeit dar, persönliche Nöte mitzuteilen und füreinander zu beten.

Die gegenseitige Fürbitte schweißt Menschen zusammen, sie führt dazu, den anderen besser kennen zu lernen und für ihn sorgen zu können. Sie bieten auch die Gelegenheit, den treuen Dienst des anderen anzuerkennen und ihm dafür zu danken. Paulus hatte Freude daran, seine Mitarbeiter anzuerkennen und Gott für sie zu danken. Barnabas ist als Mutmacher bekannt (Apg 4,36; 11,22-24). Die Ermutigung ist ein wichtiger und lohnender Dienst, der in unseren heutigen Gemeinden dringend benötigt wird.[4] Deshalb sollten wir uns bemühen, ein Team von Ältesten zu sein, das sich beständig gegenseitig ermutigt und Gott für den anderen dankt.

Älteste müssen aktiv daran arbeiten, einen Teamgeist zu entwickeln, indem sie aufrichtig füreinander sorgen und entsprechend dem Vorbild Christi einander dienen.

Auch bieten die Treffen Gelegenheit für die Ältesten, sich gegenseitig Rat zu geben und einander zu ermahnen. Wir sollten nicht vergessen, dass jeder Älteste der Autorität und dem Hirtendienst der gesamten Ältestenschaft untersteht. Dies beinhaltet die aufrichtige Sorge um das geistliche Wohl des Ältesten, seiner

Frau und seiner Kinder. Manchmal muss der Ältestenrat einem Ältesten den Rat geben, sich aus einigen Aufgaben zurückzuziehen, weil er sich zu viel Arbeit aufgeladen hat oder einer besonderen Familien-Situation gegenübersteht. Auf diese praktische Weise wachen die Ältesten mitfühlend über die Seelen ihrer Mitältesten.

Letztlich stellen die Ältestentreffen ein offizielles Forum der gegenseitigen Rechenschaft dar. Aufrichtig Rechenschaft abzulegen, hilft den Ältesten (wie auch anderen), besser mit ihrer Zeit und ihren Gaben hauszuhalten. Es schützt vor nur allzu bekannten menschlichen Tendenzen wie Aufschub, Faulheit und Vergesslichkeit. Dies ist einer der Gründe, warum der Herr Jesus seine Jünger in Zweiergruppen aussandte (Mk 6,7; Lk 10,1).

Wir sollten Verantwortlichkeit in der Gruppe nicht fürchten, sondern sie willkommen heißen und suchen.

Die Ältestenschaft ist bedeutungslos, wenn sie keine aufrichtige, gegenseitige Verantwortung der Gruppe beinhaltet. Einander regelmäßig Bericht erstatten und Rechenschaft abzulegen, hilft den Ältesten, ihre Pflichten als Hirten zu erfüllen. Als Teil des Teams sollte jeder Älteste dem Rest der Gruppe gegenüber verantwortlich sein. Wenn ein Ältester Schwierigkeiten hat, seinen Pflichten gerecht zu werden, sollte dies offen besprochen werden, und die Gruppe kann mit Rat und Tat zur Seite stehen, um das Problem zu lösen. Wir sollten deshalb Verantwortlichkeit in der Gruppe nicht fürchten, sondern sie willkommen heißen und suchen. Die Ältestenschaft wird dadurch nur verbessert werden.

Ältestentreffen schulen zukünftige Älteste

Ein Teil der Verantwortung, Gottes Herde zu beaufsichtigen, besteht darin, zukünftige Hirten zuzurüsten, um eine beständige Gemeindeführung sicherzustellen. Älteste können es sich nicht leisten, in dieser Hinsicht passiv zu sein. Paulus beauftragte Timotheus, Männer herauszusuchen und zu schulen, die vom Charakter her vertrauenswürdig und von ihrer Gabe her lehrfähig waren. *»Was du von mir in Gegenwart vieler Zeugen gehört hast, das vertraue treuen Menschen an, die tüchtig sein werden, auch andere zu lehren«* (2Tim 2,2). Dies ist eine wunderbare Beschreibung eines biblisch-qualifizierten Ältesten.

Diese Worte sind heute noch genauso aktuell, wie zu der Zeit, als Paulus sie an Timotheus schrieb. Die Ältesten müssen einen Blick für treue Männer (Tit 1,6-8) haben, die lehrfähig (Tit 1,9-13) sind. Und sie sollten einen praktischen Plan vor Augen haben, wie sie zukünftige Älteste fördern und auch zurüsten können. Kenneth O. Gangel erinnert uns an diese einfache, aber grundlegende Wahrheit: »Der Schlüssel zur Reproduktion von Leiterschaft ist, sie eindeutig zu planen«[5], »Gemeindeleiter müssen Leiter reproduzieren, die wiederum Leiter reproduzieren, so wie dies auch in der Familie geschieht – durch Erfahrung, Anweisung und Vorbild.«[6]

Ein praktischer Weg, potenzielle Älteste zu fördern, ist, sie als Zuhörer zu den Ältestentreffen einzuladen. Dies gibt ihnen Gelegenheit, praktischen Hirtendienst zu beobachten. Niemand sollte als Ältester eingesetzt werden, ohne zuvor einige Zeit als Gast an den Ältestentreffen teilgenommen und gelernt zu haben, mit dem Ältestenrat zusammenzuarbeiten.

Viele der Fähigkeiten, die man braucht, um eine Herde zu führen, lernt man am besten durch das Beobachten und Tun. Der beste Weg, potenzielle Älteste zu lehren, wie sie für andere Menschen beten können, ist, sie regelmäßig am Gebet der Ältesten teilnehmen zu lassen. Wenn sie mit den Ältesten für die verschiedenen Nöte der Menschen beten, werden sie die Menschen kennen lernen und das Herz der Ältesten für die Menschen spüren.

Älteste sollten einen praktischen Plan vor Augen haben, wie sie zukünftige Älteste fördern und auch zurüsten können.

Auch müssen Älteste lernen, wie man mit anderen im Team dienend zusammenarbeitet. Sie müssen sich einander unterordnen, geduldig aufeinander warten, sich lieben und vergeben, offen und aufrichtig sein, tiefsitzenden Stolz und egoistische Eigenständigkeit erkennen und Buße darüber tun (Phil 2,3-4). Menschen aus westlichen Kulturen schätzen die Individualität und Unabhängigkeit, Selbstbestimmung und Gleichberechtigung. Deshalb ist es nicht überraschend, dass eine gute Zusammenarbeit in einem Team oft nicht von alleine geschieht. Wir erlernen die Fähigkeit des Dienens am besten durch die beständige und manchmal schwierige Erfahrung, Teil eines Leiterschaftsteams zu sein.

Unser Herr hat niemals jemanden alleine ausgerüstet, sondern hat Menschen als Team berufen und geschult.

Natürlich beinhaltet eine Vorbereitung auf die Ältestenschaft weit mehr, als nur regelmäßig an Treffen teilzunehmen. Zurüstung in Lehre und Hirtendienst sind von großer Bedeutung, um zukünftige Älteste auf ihren Dienst vorzubereiten. Dennoch sollte das Besuchen und Beobachten von Ältestentreffen ein wichtiger Bestandteil der Zurüstung sein. Unser Herr hat niemals jemanden alleine ausgerüstet, sondern hat Menschen als Team berufen und geschult. Er hat einen großen Teil seines Lebens und seiner Zeit damit zugebracht, ein Team von zwölf Männern zu schulen. A. B. Bruce beschreibt in seinem Buch *The Training of the Twelve:*

> »Sowohl durch seine Worte als auch seine Taten können wir sehen, dass auf dem Teil seines Werkes, das sich auf die Zurüstung der zwölf Jünger bezog, extreme Wichtigkeit lag. Im hohenpriesterlichen Gebet (Johannes 17,6) usw. erscheint es so, als sei die Unterweisung, die er diesen Männern gegeben hatte, der wichtigste Teil seines eigenen irdischen Dienstes gewesen. Und gewissermaßen war dies auch so. Die sorgfältige Ausbildung der Jünger stellte sicher, dass der Einfluss des Meisters auf die Welt bleibend war.«[7]

Wenn die Ältesten von Ortsgemeinden doch nur auch solch eine Sicht für die Ausbildung von anderen hätten!

Wir sollten die Bedeutung der Ältestentreffen niemals unterschätzen. Diese Treffen sollten Zeiten darstellen, in denen Charaktere geprägt, Leiterschaftsfähigkeiten geschärft, junge Älteste ausgebildet, potenzielle Älteste gefördert, gemeinsame Gebetszeiten gesucht, Wachstum und Erkenntnis des Wortes Gottes gesteigert, reiche Gemeinschaft gepflegt werden und in denen man gemeinsam der kostbaren Herde Gottes dient. In seinem Buch *The Team Concept* beschreibt Bruce Stabbert den Segen, den er als Teil eines biblischen Ältestenrates erfahren hat. Seine Worte sollten uns ermutigen, das Beste aus unseren Ältestentreffen zu machen:

> »Die Ältesten stehen in der Verantwortung, die Menschen der Gemeinde zu führen, indem sie weise Entscheidungen treffen und sorgsam organisieren. Um dies tun zu können, sollten sie demütige Männer des Gebetes sein. Sie müssen sich der gesunden Prinzipien der Organisation und der Entscheidungsfindung bewusst sein. Sie sollten weder impulsiv noch diktatorisch agieren, sondern vorsichtig und im Hinblick auf die Gefühle der Gemeinde entscheiden. Dies setzt voraus, dass sich die Ältesten zumindest einmal wöchentlich treffen, um zusammen zu beten und das Gemeindeleben zu regeln. Unsere Ältesten treffen sich montagabends von 19:00 bis 23:00 oder 24:00 Uhr. Diese Zeit gehört zu den besten Stunden meines Lebens, in der ich Gemeinschaft mit geisterfüllten Männern habe, die demütig die Wegweisung des Herrn für die Gemein-

de suchen. Wenn sich Männer unterschiedlicher Ansichten in der Furcht Christi einander unterordnen, besteht jede Aussicht, dass sie in der Lage sind, die Gemeinde gemeinsam in einer gesegneten Einheit zu führen (Eph 5,21).«[8]

Teil 2

Anregungen für effektive Ältestentreffen

Älteste verbringen viele Stunden in Sitzungen. Ich habe zum Beispiel im letzten Jahr mindestens 100 Stunden bei Ältestentreffen zugebracht. Über die Jahre habe ich mehr als 3000 Stunden bei diesen Treffen zugebracht. Dazu kommt noch die bei anderen, ähnlichen Treffen verbrachte Zeit. Leider war diese Zeit nicht immer produktiv.

Ich stehe mit meiner Erfahrung nicht allein da. Trotz der vielen Stunden, die Älteste bei Treffen verbringen, sind die meisten doch nie darüber informiert worden, wie sie produktive und zufriedenstellende Zusammenkünfte abhalten können. Im Folgenden finden wir einige der häufigsten Einwände:

- Es wird zu viel Zeit damit zugebracht, sich mit organisatorischen oder finanziellen Dingen zu beschäftigen anstatt mit geistlichen Fragen.
- Die Gebetszeit ist unzureichend.
- Die Teilnehmer schweifen vom Thema ab und weichen aus, wenn es um die Diskussion wichtiger Themen geht.
- Die Gruppe hängt sich an trivialen, irrelevanten Fragen auf und erzielt keine Beschlüsse.

- Die Treffen sind unzureichend vorbereitet.
- Entscheidungen und Aufgaben werden nicht ausreichend verfolgt.
- Die Gruppe hält sich nicht an eine Agenda, so dass Treffen sehr lange dauern, ohne dass viel erreicht wird.
- Einige Teilnehmer reden zu viel.

Doch Tatsache ist, dass Älteste lernen müssen, wie sie gute Treffen abhalten und wie sie selbst effektiv daran teilnehmen können. Die Ideen und biblischen Prinzipien, die auf den folgenden Seiten vorgestellt werden, können Ältestentreffen an sich wie auch die Teilnahme der Einzelnen entscheidend verbessern.

Es mag jedoch unterschiedliche Auffassungen geben, wie einige dieser Ideen umgesetzt werden können. Wir sollten also geduldig und verständnisvoll miteinander umgehen. Denken wir an die Worte unseres Herrn Jesus Christus an seine Jünger: *»Habt Salz in euch selbst, und haltet Frieden untereinander!«* (Mk 9,50b).

Biblisch qualifizierte Teilnehmer

Zuerst und von größerer Wichtigkeit setzen effektive Treffen die richtigen Teilnehmer voraus, nämlich die, welche der Heilige Geist hierzu erwählt hat (Apg 20,28). Gott ist in erster Linie darum besorgt, wer seine Herde führt und wer im Rat der Ältesten sitzt.

> Trotz der vielen Stunden, die Älteste bei Treffen verbringen, sind die meisten doch nie darüber informiert worden, wie sie produktive und zufriedenstellende Zusammenkünfte abhalten können ... Doch Tatsache ist, dass Älteste lernen müssen, wie sie gute Treffen abhalten und wie sie selbst effektiv daran teilnehmen können.

Deshalb nennt uns der Heilige Geist für den Ältestendienst spezifische, objektive Voraussetzungen an Charakter und Fähigkeiten. Diese Qualifikationen schützen die Gemeinde vor unangemessenen Leitern und setzen einen Maßstab, an dem sich die Ältesten beständig selbst messen können.

Außerdem fordert die Bibel, dass ein potenzieller Kandidat für die Ältestenschaft hinsichtlich dieser Qualifikationen (1Tim 3,10; 5,22-25) beurteilt wird. Tragischerweise überprüfen viele Gemeinden ihre Kandidaten niemals anhand dieser biblischen Voraussetzungen.

Effektive Treffen setzen die richtigen Teilnehmer voraus, nämlich die, welche der Heilige Geist hierzu erwählt hat (Apg 20,28).

Mangelnde Überprüfung der Kandidaten ist der Hauptgrund für Probleme und Ineffektivität innerhalb der Ältestenschaft und stellt auch ein Hindernis für das geistliche Wachstum in der Gemeinde dar. Die biblischen Qualifikationen für einen Ältesten werden in 1. Timotheus 3,1-7, Titus 1,5-9 und 1. Petrus 5,1-4 genannt. Aus diesen Abschnitten habe ich elf Charaktereigenschaften ausgewählt, die besonders wichtig sind, wenn die Person ein guter Teilnehmer der Treffen und ein Entscheidungsträger sein soll.[1] Sehen wir uns die einzelnen Punkte an.

milde: vergebend, geduldig, gnädig, nachgebend, wo dies angebracht ist.

nüchtern: beherrscht, ausgewogenes Urteilsvermögen, frei von Exzessen oder unüberlegtem Verhalten.

besonnen: von klarem Verstand, diskret; in der Lage, bei Problemen und Unstimmigkeiten eine objektive Sichtweise zu bewahren.

kein Schläger: nicht unbeherrscht oder leicht reizbar.

nicht neubekehrt: niemand, der unerfahren oder geistlich noch unreif ist.

friedliebend: nicht streitsüchtig.

nicht eigenmächtig: niemand, der die Meinung, Gefühle und Wünsche anderer missachtet oder arrogant auftritt.

nicht jähzornig: kein Hitzkopf oder zorniger Mensch.

gerecht: ein Mann mit Prinzipien, der sich an Recht und Ordnung hält.

nicht herrschend: bereit, zuzuhören und auf andere einzugehen.

lehrfähig: in gesunder Lehre gegründet und in der Lage, Irrlehre aufzudecken.

Eine Person mit solchen Charaktereigenschaften wird innerhalb eines Ältesten-Teams gut mitarbeiten. Sein ausgewogenes Urteilsvermögen wird die Treffen und die Entscheidungsfindung bereichern, und seine Selbstbeherrschung befähigt ihn, gut mit anderen zusammenzuarbeiten.

Unpassende oder unqualifizierte Älteste werden sich für ein effektives Ältestentreffen und für die Ältesten insgesamt als Hindernis herausstellen. Deshalb ist es der erste Schritt zu effektiven Treffen, nur biblisch qualifizierte, geisterwählte Älteste einzusetzen.

Biblische Verhaltensgrundregeln für Ältestentreffen

Bei Ältestentreffen können wir sehr gut feststellen, ob wir wirklich nach der Gesinnung Jesu Christi denken und handeln. Paulus schrieb: *»Ich bitte euch nun, seid meine Nachahmer. Deshalb habe ich euch Timotheus gesandt, der mein geliebtes und treues Kind im Herrn ist, der wird euch erinnern an meine Wege in Christus, wie ich überall* *in jeder Gemeinde lehre«* (1Kor 4,16-17). Geistlich lohnende Treffen sind das Resultat davon, dass sich jeder Teilnehmer den biblischen Verhaltensprinzipien unterstellt und die Gesinnung Christi widerspiegelt.

Folgende biblische Wahrheit sollten wir nicht vergessen: Christus ist bei allen unseren Treffen zugegen (Mt 18,20). Jeder Teilnehmer soll sich des Evangeliums würdig verhalten (Phil 1,27). Die Treffen von Ältesten sollten durch die Gegenwart, Leitung und Herrschaft Jesu Christi durch den Heiligen Geist gekennzeichnet sein und nicht durch das Fleisch. Ungehaltenheit, Zornausbrüche, Schmollen, Manipulation, Drohungen oder herabwürdigende Beschuldigungen stellen ein nicht akzeptables Verhalten für jedes Treffen dar, das im Namen Christi geführt wird.

Die Ältesten sollten sich darüber im Klaren sein, dass sich die Einstellung und das Verhalten jedes einzelnen Teilnehmers auf die Qualität des Treffens auswirkt. Es gibt eine richtige und eine falsche Weise, miteinander zu reden, einander zu widersprechen, miteinander zu argumentieren, den anderen zur Veränderung aufzurufen und zu überzeugen. Sündhafte Einstellungen bewirken unerfreuliche Zusammenkünfte. Eine gottesfürchtige Haltung trägt zu erfreulichen Treffen bei.

Geistlich lohnende Treffen sind das Resultat davon, dass sich jeder Teilnehmer den biblischen Verhaltensprinzipien unterstellt und die Gesinnung Christi widerspiegelt.

Wollen wir also im Folgenden das Verhalten überdenken, das alle kennzeichnen sollte, die sich im Namen Christi treffen, um das Werk des Herrn auszuführen.

Verhalte dich gemäß der Gesinnung Christi

Als Christen könnten wir über das geläufige Sprichwort »Es ist alles Einstellungssache« noch einen Schritt hinausgehen: Die Gesinnung Christi ist alles. Philipper 2,5 stellt uns eine grundsätzliche Verhaltensregel für alle Treffen vor: *»Habt diese Gesinnung in euch, welche auch in Christus Jesus war.«* Die Gesinnung Christi der Demut und Selbstaufopferung sollte jede Besprechung durchdringen und die Einstellung jedes Teilnehmers prägen. Obwohl Jesus Christus in der Gestalt Gottes war *»und es nicht für einen Raub achtete, Gott gleich zu sein … nahm er Knechtsgestalt an … erniedrigte er sich selbst und wurde gehorsam bis zum Tod, ja, zum Tod am Kreuz«* (Phil 2,6-8).

Unser Lehrer und Herr war demütig und selbstlos. Niemals war er stolz oder suchte das Seine. Als Folge seines Beispiels der Demut und der selbstlosen Hingabe schrieb Paulus: Tut *»nichts aus Eigennutz oder eitler Ruhmsucht, sondern dass in der Demut einer den anderen höher achtet als sich selbst; ein jeder sehe nicht auf das Seine, sondern ein jeder auch auf das der anderen!«* (Phil 2,3-4). Deshalb sollte im Diskussionsprozess und in der Entscheidungsfindung unsere Einstellung immer der demütigen und selbstlosen Haltung Christi entsprechen. Der Geist unserer Treffen sollte der einer demütigen Fußwaschung (Joh 13,12-15) sein, und nicht der des gegenseitigen Auffressens!

Die trügerischen Sünden des Stolzes und der Selbstsucht zerstören jegliche Hoffnung auf eine friedliche Gruppenzusammenarbeit. *»Wenn ihr aber bitteren Neid und Eigennutz in eurem Herzen habt«*, so schreibt Jakobus, *»so rühmt euch nicht und lügt nicht gegen die Wahrheit. Dies ist nicht die Weisheit, die von oben kommt, sondern eine irdische, sinnliche, teuflische. Denn wo Neid und Eigennutz ist, da ist Zerrüttung und jede schlechte Tat«* (Jak 3,14-16). Bevor wir also reden, sollten wir unsere Einstellung hinterfragen. Ist dies die Gesinnung Christi oder des Teufels?

Der Geist unserer Treffen sollte der einer demütigen Fußwaschung sein, und nicht der des gegenseitigen Auffressens!

Bemessen wir unsere Einstellungen, unser Verhalten im Lichte der folgenden Verse:

»Ihr nennt mich Lehrer und Herr, und ihr sagt recht, denn ich bin es. Wenn nun ich, der Herr und der Lehrer, eure Füße gewaschen habe, so seid auch ihr schuldig, einander die Füße zu waschen. Denn ich habe euch ein Beispiel gegeben, dass auch ihr tut, wie ich euch getan habe.« (Joh13,13-15)

»In der Bruderliebe seid herzlich zueinander, in Ehrerbietung einer dem anderen vorangehend.« (Röm 12,10)

»Lasst uns nicht nach eitler Ehre trachten, indem wir einander herausfordern, einander beneiden!« (Gal 5,26)

Lernvers: Philipper 2,3-9

Verhalte dich gemäß der Liebe Christi

Das neue Gebot, das uns der Herr Jesus gab, setzt den Maßstab für das Verhalten bei unseren Zusammenkünften: *»Ein neues Gebot gebe ich euch, dass ihr einander liebt, damit, wie ich euch geliebt habe, auch ihr einander liebt. Daran werden alle erkennen, dass ihr meine Jünger seid, wenn ihr Liebe untereinander habt«* (Joh 13,34-35).

Auf gewisse Weise überprüft jedes Treffen unser Wachstum in der Liebe Christi. Ohne Liebe werden die Ältesten sich bestenfalls tolerieren oder im schlimmsten Fall gegenseitig sabotieren. Liebe hilft uns dabei, unsere Ängste vor der Verschiedenheit des anderen zu überwinden, einander besser zu verstehen, in Gnade unterschiedlicher Meinung, weniger verteidigend und offener für die Ideen des anderen zu sein, besser zuzuhören, besser zusammenzuarbeiten, mehr zu wagen, weniger zu streiten und die Verletzungen, die wir einander im Eifer des Gefechts unwillentlich zufügen, zu vergeben. In der Hitze des menschlichen Konfliktes, kann nur Liebe Schatten spenden (1Petr 4,8). Der vortrefflichere Weg, die christliche Lebensregel (1Kor 12,31), bestimmt das Grundverhalten für alle unserer Treffen: *»Alles bei euch geschehe in Liebe«* (1Kor 16,14). Um die Liebe Christi völlig verstehen zu können, sollten wir das Hohelied der Liebe lesen und auf uns als Älteste übertragen:

> »(Ein Ältester) *ist langmütig, ... gütig; ... neidet nicht; tut nicht groß, ... bläht sich nicht auf, ...*

benimmt sich nicht unanständig, ... sucht nicht das (seine), *lässt sich nicht erbittern, rechnet Böses nicht zu, freut sich nicht über die Ungerechtigkeit, sondern freut sich mit der Wahrheit,* (ein Ältester) *erträgt alles, ... glaubt alles, ... hofft alles, ... erduldet alles.«* (1Kor 13,4-7)

Entscheiden wir uns erneut dafür, einander in dieser brüderlichen Liebe Christi zu begegnen. Die folgenden Bibelverse sollen uns daran erinnern, wie wir andere lieben sollen:

»In der Bruderliebe seid herzlich zueinander.« (Röm 12,10a)

»Liebe ... sucht nicht das ihre.« (1Kor 13,4-5)

»... mit aller Demut und Sanftmut, mit Langmut, einander in Liebe ertragend!« (Eph 4,2)

»Vor allen Dingen aber, habt untereinander eine anhaltende Liebe! Denn die Liebe bedeckt eine Menge von Sünden.« (1Petr 4,8)

Lernvers: Johannes 13,34-35

Verhalte dich gemäß dem dienenden Vorbild Christi

In dem, was als »der große Austausch« bezeichnet wird, lehrte Jesus Christus dienende Leiterschaft und lebte sie seinen Jüngern vor: *»Ich aber bin in eurer Mitte wie der Dienende«* (Lk 22,27b).

Die Griechen und Römer verstanden Leiterschaft darin, über andere zu herrschen, und verliehen sich ehrenvolle Titel und setzten sich hoch über das Volk. Größe wurde im Sinne von Macht, Position, Autorität und Titel gemessen. Im Gegensatz dazu lehrte Jesus, dass Leiter einander dienen, dem anderen demütig begegnen und in einer Gemeinschaft der brüderlichen Liebe leben sollten. In der Gemeinschaft Christi wird wahre Größe am Dienst gemessen.

> *»Er aber sprach zu ihnen: Die Könige der Nationen herrschen über sie, und die Gewalt über sie üben, lassen sich Wohltäter nennen. Ihr aber nicht so! Sondern der Größte unter euch sei wie der Jüngste und der Führende wie der Dienende.«* (Lk 22,25-26)

Die dienende Leiterschaft, die Jesus lehrte und vorlebte, stand auch im Gegensatz zu den religiösen Lehrern, die besondere Privilegien, Stellungen und ehrenvolle Titel liebten. Jesus sagt über sie:

> *»Sie lieben aber den ersten Platz bei den Gastmählern und die ersten Plätze in den Synagogen und die Begrüßung auf den Märkten und von den Menschen Rabbi genannt zu werden. Ihr aber, lasst ihr euch nicht Rabbi nennen; denn einer ist euer Lehrer, ihr alle aber seid Brüder ... lasst euch auch nicht Meister nennen; denn einer ist euer Meister, der Christus.*

Der Größte aber unter euch soll euer Diener sein. Wer sich aber selbst erhöhen wird, wird erniedrigt werden; und wer sich selbst erniedrigen wird, wird erhöht werden.« (Mt 23,6-12)

Dienende Leiterschaft ist eine Leiterschaft, die dem Weg des Kreuzes folgt (Mt 20,28), das von der Welt als schwach und töricht angesehen wird. Es ist eine selbstlose, sich aufopfernde Leiterschaft und angemessen für diejenigen, welche die Botschaft des Kreuzes und die Werte der Demut, des Dienens und der brüderlichen Liebe predigen. Es ist eine Leiterschaft, die den anderen auferbauen soll (2Kor 10,8; 13,10) und allen zur Freude dient (2Kor 1,24).

> Dienende Leiterschaft ist selbstlos, sich aufopfernd und angemessen für diejenigen, welche die Botschaft des Kreuzes und die Werte der Demut, des Dienens und der brüderlichen Liebe predigen.

Sie wird willentlich die persönliche Demütigung und Herabsetzung für das Gute des anderen und um des Evangeliums willen erdulden (1Kor 4,8-13). Es ist eine Leiterschaft unter der Autorität Christi und untersteht seiner Beurteilung (1Kor 3,10-15; 4,3-5). Dienende Leiterschaft bedeutet jedoch nicht, dass es in einer Gemeinde keine Führung oder Autorität gibt. Brüder mit der Gabe der Leitung werden durch den Heiligen Geist aufgefordert, mit Fleiß zu führen (Röm 12,8). Begabte Leiter helfen den Ältestentreffen, indem sie neue Ideen einbringen, Weisheit weitergeben, Probleme angehen, zukünftiges Potenzial erkennen und die Gruppe motivieren.

Dienende Leiterschaft beeinflusst nicht nur die Art und Weise, wie die Ältesten als geistliche Führer ihren Geschwistern in der Gemeinde begegnen, sondern auch, wie die Ältesten miteinander umgehen, wenn sie Entscheidungen treffen und umstrittene Themen besprechen. Die Ältesten sollten einander in Demut als Brüder in Christus und gegenseitige Diener begegnen. Machtspiele und Manipulationstaktiken sind hier nicht gefragt. Als Älteste sollten wir uns die folgenden Verse über dienende Leiterschaft zu Herzen nehmen:

> *»Nicht dass wir über euren Glauben herrschen, sondern wir sind Mitarbeiter an eurer Freude.«* (2Kor 1,24)

> *»Denn wir predigen nicht uns selbst, sondern Christus Jesus als Herrn, uns aber als eure Sklaven um Jesu willen.«* (2Kor 4,5)

> *»... nicht als die da herrschen über die ihnen anvertrauten Anteile der Herde, sondern indem ihr Vorbilder der Herde werdet!«* (1Petr 5,3)

Lernvers: Lukas 22,26-27

Prinzipien der persönlichen Teilnahme

Gute Ältestentreffen setzen eine rege Teilnahme voraus. Menschen, die im Verhalten und Charakter Christus widerspiegeln, werden Verantwortung für den Erfolg ihrer Treffen übernehmen und konstruktive Beiträge leisten. Um positiv Einfluss nehmen zu können, sollte jeder Teilnehmer einige wichtige Prinzipien kennen und befolgen.

Sei ein aktiver, verantwortlicher Teilnehmer

Effektive Ältestentreffen sind ein Resultat davon, dass jedes Teammitglied die Verantwortung für den Erfolg, die Aufgaben und die Entscheidungen einer Zusammenkunft übernimmt. Ein verantwortlicher Teilnehmer verleiht seiner Meinung Ausdruck und diskutiert seine Standpunkte. Er ist darum bemüht, die Gruppe zu einer Entscheidung zu führen. Er nimmt Aufgaben gerne an und sagt bereitwillig: »Ich erledige diesen Telefonanruf«, oder: »Ich helfe gerne bei der Ausarbeitung des Konzeptes.« Er achtet darauf, dass nicht einer zu viele Aufgaben übernimmt, während sich andere zu wenig engagieren.

Im Gegensatz dazu hält sich ein inaktiver Teilnehmer zurück, wenn etwas erledigt werden muss. Er hofft, dass ihn niemand zur Kenntnis nimmt oder ihn anschaut. Er weist zusätzliche Aufgaben und Verantwortung von sich. Er ist ein Beobachter, passiv und gleichgültig, zusätzliche Arbeit oder Zeitaufwand widerstrebt ihm.

Effektive Ältestentreffen sind ein Resultat davon, dass jedes Teammitglied die Verantwortung für den Erfolg, die Aufgaben und die Entscheidungen einer Zusammenkunft übernimmt.

Wie werde ich ein aktiverer, verantwortlicher Teilnehmer:

- Beteilige dich am gemeinsamen Gebet.
- Nimm aktiv am Entscheidungsprozess teil.
- Höre genau hin.
- Frage nach, wenn etwas unklar ist.
- Behandle deine Brüder immer mit christlichem Respekt und Anerkennung.
- Hilf der Gruppe, beim Thema zu bleiben.
- Wenn du dazu neigst, zu viel zu reden, bitte einen Bruder, mit darauf zu achten.
- Wenn du ein zu stiller Teilnehmer bist, bitte einen Bruder um Unterstützung, damit du lernst, dich besser mitzuteilen.
- Bewahre Verschwiegenheit und verbreite keinen Tratsch über die Entscheidung der Gruppe.
- Teile den Brüdern deine Frustrationen während des Treffens mit und beschwere dich nicht hinterher oder anderen gegenüber.
- Nimm Verantwortung und Aufgaben gerne an.
- Erledige deine Aufgaben, ohne sie auf die lange Bank zu schieben.
- Sei darum bemüht, dich verständlich auszudrücken.
- Sei freundlich und humorvoll.
- Löse Probleme, anstatt selbst eins zu sein.

Die Bibel ist eindeutig: »*Was ihr auch tut, arbeitet von Herzen als dem Herrn und nicht den Menschen*« (Kol 3,23). Alles, was wir für den Herrn tun, sollte aus ganzem Herzen geschehen. Wenn du in einem Ältestenrat dienst, tue es mit Fleiß: »*Alles, was deine Hand zu tun findet, das tue in deiner Kraft!*« (Pred 9,10).

Sei ein treuer Teilnehmer

Produktive Ältestentreffen setzen regelmäßige Teilnahme absolut voraus. Ständige Abwesenheit lähmt die Gruppe. Sporadische Teilnahme hat immer negative Auswirkungen auf die Gruppenmoral und hindert das Team daran, seine Aufgabe zu erfüllen. Es ist frustrierend, wenn einige Teilnehmer ständig bei den Besprechungen fehlen. Innerhalb des Ältestenteams hat jeder Älteste beträchtliche Zeit und Energie investiert, die wir anerkennen sollten. Sei also in den Pflichten deinen Mitältesten gegenüber treu.

Die Mitältesten sollten sich nicht fragen müssen, wo du bist, oder ihre Zeit damit verschwenden, auf dich zu warten.

Natürlich ist es manchmal unvermeidlich, eine Sitzung zu versäumen, aber dies sollte die Ausnahme, nicht die Regel sein. Deine Brüder zählen auf deine Anwesenheit. Wenn die Teilnahme an einer Besprechung unmöglich ist, können die folgenden Vorschläge helfen, die Auswirkungen zu minimieren:

- Nehmt die Besprechungen auf Band auf, so dass der Abwesende hören kann, was besprochen wurde.

- Diese Kassetten sollten keinem Unbefugten zugänglich gemacht werden.
- Wenn du ein Treffen absagen musst, informiere die anderen rechtzeitig darüber. Dies zeigt die Wertschätzung gegenüber deinen Mitältesten. Sie sollten sich nicht fragen müssen, wo du bist, oder ihre Zeit damit verschwenden, auf dich zu warten. Du bist dem Team gegenüber verantwortlich und deine Abwesenheit wird sich bemerkbar machen, deshalb solltest Du die anderen immer rechtzeitig darüber informieren.
- Wenn Abwesenheit zu einem beständigen Problem innerhalb der Ältestenschaft wird, sollte man dies offen ansprechen und positive Lösungen suchen.

Sei ein Friedenstifter und bemühe dich um Einheit

Jesus Christus, der größte Friedensstifter, sagte: *»Selig die Friedensstifter«* (Mt 5,9). Gott wünscht sich, dass sein Volk den Frieden untereinander bewahrt und die gleiche Gesinnung widerspiegelt, aber in der Praxis ist dies nicht immer einfach. Als Folge des Sündenfalls (1Mo 3) plagen Streit und Spaltungen die gesamte Menschheit. Traurigerweise kennzeichnet dies auch die Geschichte der Christenheit. Dennoch sollten wir nicht mutlos werden. Das Neue Testament legt großen Wert auf den Frieden und die Einheit in der ört-

Um Einheit zu erreichen, bedarf es viel Gebet, Weisheit, Geduld, Demut und Entschlossenheit auf Seiten aller Ältesten.

lichen Gemeinde und dies beginnt zuerst in der Gemeindeleitung.

Frieden und Einheit beeinflussen den Dienst der Ältesten und das geistliche Wachstum der Gemeinde beträchtlich. Uneinigkeit verwirrt, entmutigt und schwächt die Arbeit der Ältestenschaft. Beständige Uneinigkeit kann auch eine ganze Gemeinde zerstören. *»Und wenn ein Haus mit sich selbst entzweit ist, kann dieses Haus nicht bestehen«* (Mk 3,25). Deshalb sollte jeder Älteste um Frieden und Harmonie in der Gemeinde bemüht sein, ohne dabei Kompromisse in Bezug auf die Wahrheit des Evangeliums einzugehen (Apg 15,1-2).

Um Einheit zu erreichen, bedarf es viel Gebet, Weisheit, Geduld, Demut und Entschlossenheit auf Seiten aller Ältesten. Um die Bedeutung von Frieden und Einheit zu verstehen, sollten wir folgende Stellen des Neuen Testamentes überdenken:

> *»Habt Salz in euch selbst, und haltet Frieden untereinander!«* (Mk 9,50b)

> *»Seid gleichgesinnt gegeneinander.«* (Röm 12,16a)

> *»Wenn möglich, so viel an euch ist, lebt mit allen Menschen in Frieden!«* (Röm 12,18)

> *»So lasst uns nun dem nachstreben, was des Friedens ist, und dem, was zur gegenseitigen Erbauung dient.«* (Röm 14,19)

»Der Gott des Ausharrens und der Ermunterung aber gebe euch, gleichgesinnt zu sein untereinander, Christus Jesus gemäß, damit ihr einmütig mit einem Munde den Gott und Vater unseres Herrn Jesus Christus verherrlicht.« (Röm 15,5-6)

»Ich ermahne euch aber, Brüder, durch den Namen unseres Herrn Jesus Christus, dass ihr alle einmütig redet und nicht Spaltungen unter euch seien, sondern dass ihr in demselben Sinn und in derselben Meinung völlig zusammengefügt seiet.« (1Kor 1,10)

»Im übrigen, Brüder, freut euch, lasst euch zurechtbringen, lasst euch ermuntern, seid eines Sinnes, haltet Frieden! Und der Gott der Liebe und des Friedens wird mit euch sein.« (2Kor 13,11)

»Befleißigt euch, die Einheit des Geistes zu bewahren durch das Band des Friedens.« (Eph 4,3)

»Wandelt nur würdig des Evangeliums des Christus, damit ich, sei es, dass ich komme und euch sehe oder abwesend bin, von euch höre, dass ihr fest steht in einem Geist und mit einer Seele zusammen für den Glauben des Evangeliums kämpft.« (Phil 1,27)

»So erfüllt meine Freude, dass ihr dieselbe Gesinnung und dieselbe Liebe habt, einmütig, eines Sinnes seid.« (Phil 2,2)

»Die Evodia ... und die Syntyche ermahne ich, dieselbe Gesinnung zu haben im Herrn!« (Phil 4,2)

»Haltet Frieden untereinander!« (1Thes 5,13b)

»Jagt dem Frieden mit allen nach und der Heiligung, ohne die niemand den Herrn schauen wird.« (Hebr 12,14)

Sei aufrichtig und manipuliere nicht

Einige Menschen besitzen ein so starkes Durchsetzungsvermögen, dass sie es als ihr Recht ansehen, Geschwister zu manipulieren. Doch keine Angelegenheit ist so wichtig, dass wir um ihrer Willen andere manipulieren dürfen. Solche Menschen erniedrigen damit ihren eigenen Charakter, erwecken Misstrauen bei den Kollegen, zerstören Beziehungen, wecken diese Wesenszüge bei anderen, geben Satan Raum und öffnen sich selbst für weiteren Betrug.

Wenn jeder Älteste offen und in Liebe die Wahrheit spricht, dann wird kostbare Zeit und Energie nicht damit verschwendet werden, sich Sorgen über versteckte Ziele, Hinterzimmerpolitik oder zerstörerische Hinterhältigkeiten machen zu müssen.

Gott ist heilig und vertrauenswürdig und der christliche Glaube ist der Wahrheit verschrieben. Im Gegensatz hierzu ist ein Manipulator jemand, der die Wahrheit verdreht. Unsere Welt ist voll von

Lügen und betrügerischen Geistern und Lehren von Dämonen (siehe 1Tim 4,1). Diese Welt wird genährt von Lügen und verbreitet sie weiter, aber das Volk Gottes soll andere Wesenszüge tragen.

»Deshalb legt die Lüge ab und redet Wahrheit, ein jeder mit seinem Nächsten! Denn wir sind untereinander Glieder« (Eph 4,25, siehe auch Kol 3,9). Die Gläubigen sollten ein Volk der Wahrheit und Diener des Wortes der Wahrheit und der gesunden Lehre sein. Wie viel mehr sollten die Ältesten als geistliche Führer dann in der Wahrheit wandeln.

Leiterschaft, die manipuliert, stellt eine schlechte Führung dar. Der Teufel ist ein Lügner und ein Betrüger (Joh 8,44). Wenn Älteste meinen, sie müssten wichtige Informationen zurückhalten, andere einschüchtern, Halbwahrheiten erzählen, übertreiben, berechtigte Einwände abschmettern, das offene Gespräch abblocken, Meinungen falsch zitieren oder wiedergeben, die Schuld anderen zuschieben, die Tatsachen beschönigen, Komplotte schmieden oder sich der Diskussion verschließen, dann hat christliche Bruderschaft oder das dienende Vorbild Christi keine wirkliche Bedeutung.

Wenn aber im Gegensatz hierzu jeder Teilnehmer offen und wahrhaftig seine Meinung ausspricht, führt dies letztlich zu besseren Entscheidungen und bewahrt ein brüderliches Miteinander. Wenn jeder Älteste offen und in Liebe die Wahrheit spricht, dann wird kostbare Zeit und Energie nicht damit verschwendet werden, sich Sorgen über versteckte Ziele, Hinterzimmerpolitik oder zerstörerische Hinterhältigkeiten machen zu müssen. Aufrichtigkeit ist ein entscheidendes Element für Teamarbeit. Sie fördert das gegenseitige Vertrauen innerhalb der Gruppe. Fördert den gesunden Austausch und stärkt die Gemeinschaft. Doch was noch viel wichtiger ist, sie ist Gott wohlgefällig.

Leiterschaft nach dem Vorbild Christi setzt einen integren Charakter und Aufrichtigkeit voraus. Menschen folgen ihren Führern nur dann, wenn sie ihnen vertrauen. Deshalb sollte es keinen Zweifel daran geben, dass das »Ja« eines Ältesten auch wirklich »Ja« bedeutet, und sein »Nein« auch immer »Nein« (2Kor 1,17-20).

Die folgenden Bibelverse erinnern uns daran, wie wichtig es ist, das Werk des Herrn in Aufrichtigkeit auszuführen:

»Und er (David) *weidete sie nach der Lauterkeit seines Herzens, und mit der Geschicklichkeit seiner Hände leitete er sie.«* (Ps 78,72)

»Ein Gräuel für den HERRN sind Lippen, die lügen; wer aber Treue übt, hat sein Wohlgefallen.« (Spr 12,22)

»Das Wohlgefallen des Königs finden gerechte Lippen; und wer aufrichtig redet, den liebt er.« (Spr 16,13)

»Lehrer, wir wissen, dass du wahrhaftig bist und den Weg Gottes in Wahrheit lehrst und dich um niemand kümmerst, denn du siehst nicht auf die Person der Menschen.« (Mt 22,16b)

»Die Weisheit von oben aber ist aufs erste rein, sodann friedsam, gütig, folgsam, voll Barmherzigkeit und guter Früchte, unparteiisch, ungeheuchelt.« (Jak 3,17)

Lernverse: Psalm 78,72; Jakobus 3,17

Sei fair und fälle keine Urteile ohne Tatsachen

Der Mann, der mich als junger Christ betreute und mit dem ich etliche Sommerfreizeiten zusammen verbracht hatte, gab uns immer den gleichen Rat, wenn wir Jugendlichen in einem Konflikt oder einer Debatte standen: »Urteilt nicht, ohne zunächst die Fakten zu kennen.« Dieser Rat gilt Ältesten gleichermaßen. Die Bibel sagt: *»Wer Antwort gibt, bevor er zuhört, dem ist es Narrheit und Schande«* (Spr 18,13). Dies sind ernste Worte. Doch so mancher Gemeindeleiter zieht seine Schlüsse und spricht sie aus, noch bevor er die Tatsachen kennt.

»Wer Antwort gibt, bevor er zuhört, dem ist es Narrheit und Schande ... Im Recht scheint, wer in seiner Streitsache als Erster auftritt, bis sein Nächster kommt und ihn ausforscht.« (Spr 18,13.17)

Wenn wir also Entscheidungen treffen und uns mit Gerüchten, Anschuldigungen oder menschlichen Problemen beschäftigen, stehen wir in der Verantwortung, zunächst einmal alle Fakten, sowohl Für als auch Wider, zu sammeln.

Es ist natürlich, auf bestimmte Probleme oder neue Informationen, direkt zu reagieren. Doch die Schrift warnt uns vor eiligen und einseitigen Urteilen: *»Im Recht scheint, wer in seiner Streitsache als Erster auftritt, bis sein Nächster kommt und ihn ausforscht«* (Spr 18,17). Deshalb sollten sich Älteste vor übereilten Entscheidungen zügeln. Sie sollten zunächst nachforschen und die Fakten zusammentragen.

Deshalb sollten sich Älteste vor übereilten Entscheidungen zügeln. Sie sollten zunächst nachforschen und die Fakten zusammentragen.

Gute Informationen sind Voraussetzung, um weise Entscheidungen treffen und Menschen richtig beurteilen zu können. Man sollte bei Konflikten zunächst beide Parteien hören, bevor man zu einem Urteil kommt.

Des Weiteren ist es wichtig, offen und mit der Bereitschaft zur Veränderung an eine Angelegenheit heranzugehen. Wir sollten aufrichtig und unvoreingenommen zuhören. Die Schrift teilt uns mit, dass *»die Weisheit von oben … folgsam«* ist (also bereit einzulenken; Jak 3,17). Sie sagt auch: *»Jeder Mensch sei schnell zum Hören, langsam zum Reden, langsam zum Zorn!«* (Jak 1,19). Wir sollten also mit Gottes Hilfe versuchen, objektiv zuzuhören und entsprechend zu entscheiden. Wir würden von anderen gleichermaßen erwarten, uns unvoreingenommen zuzuhören. Die folgenden Verse sollen uns daran erinnern, sorgfältig hinzuhören, bevor wir unser Urteil fällen:

> *»Der Weg des Narren erscheint in seinen eigenen Augen recht, der Weise aber hört auf Rat.«* (Spr 12,15)

»Durch Übermut gibt es nur Zank; bei denen aber, die sich raten lassen, Weisheit.« (Spr 13,10)

»Das Herz des Gerechten überlegt, was zu antworten ist; aber der Mund der Gottlosen lässt Bosheiten sprudeln.« (Spr 15,28)

»Ein Gott des Rechts ist der HERR.« (Jes 30,18b)

»Und wie ihr wollt, dass euch die Menschen tun sollen, tut ihnen ebenso!« (Lk 6,31)

Lernvers: Sprüche 18,13.17

Sei treu im Umgang mit vertraulichen Informationen

Ein Ältester steht in einer Vertrauensposition. Er hat Zugang zu privaten Informationen über Menschen und muss deshalb seine Verantwortung zur Verschwiegenheit erkennen. Diese Verantwortung zu missachten, kann den Ruf eines Ältesten zerstören und die gesamte Ältestenschaft in Verruf bringen. Deshalb warnt uns die Schrift: *»... aber gib nicht preis, was ein anderer dir anvertraut hat, damit dich nicht schmäht, wer es hört, und dein übler Ruf nicht mehr weicht«* (Spr 25,9b-10).

Aussagen über die Privatsphäre anderer Gemeindeglieder, die während der Besprechung von einem Ältesten gemacht werden, sollten nicht an Außenstehende weitergegeben werden. In einem Fall machte ein Ältester während einer Sitzung eine Bemerkung über das offensive Verhalten eines Sonntagsschullehrers. Einige Tage später erhielt dieser Älteste einen zornigen Anruf dieses Sonntagsschullehrers. Einer der anderen Ältesten hatte ihm ohne Erlaubnis der Ältestenschaft von der Unterhaltung erzählt. Solche Indiskretion macht es unmöglich, innerhalb des Ältestenrates vertrauliche Angelegenheiten zu besprechen, und sie zerstört das Vertrauen der Gemeinde in ihre Ältesten.

Um innerhalb der Gemeinde und unter den Ältesten Vertrauen aufzubauen, muss der Ältestenrat sich zur Verschwiegenheit verpflichten.

Diese Verantwortung zu missachten, kann den Ruf eines Ältesten zerstören und die gesamte Ältestenschaft in Verruf bringen.

Ein Ältester muss zuverlässig sein und darf vertrauensvolle Informationen nicht herumerzählen: *»Wer als Verleumder umhergeht, gibt Anvertrautes preis; wer aber zuverlässigen Sinnes ist, hält die Sache verborgen«* (Spr 11,13). *»Geschwätzigkeit hingegen enthüllt Geheimnisse«* (Spr 20,19). Menschen werden uns nicht ihre verborgenen Sünden, Schmerzen und Probleme mitteilen, wenn wir mit diesen vertraulichen Informationen leichtfertig umgehen. Um Menschen helfen zu können, muss man sie auch vor Geschwätz schützen. Auch sollten sich die Ältesten darüber im Klaren sein, dass einem nach heutigem Rechtsbewusstsein schnell ein Gerichtsverfahren wegen Rufschädigung drohen kann.

Ein Ältester sollte sorgfältig abwägen, ob er bestimmte Informationen seiner Frau weitergibt. Es gibt sicherlich Dinge, die er mit ihr besprechen sollte und in denen sie ihm guten Rat geben kann. Doch es gibt private Informationen, die er ihr nicht mitteilen sollte, weil dies unfair gegenüber denen wäre, welche die Ältesten ins Vertrauen gezogen haben.

Wenn wir unsere Frauen in die Sünden anderer Menschen einweihen, besteht die Gefahr, dass ihre Beziehung zu diesen Personen oder ihr eigenes geistliches Leben darunter leidet.

Praktiziere Selbstbeherrschung

Unkontrollierter Zorn fördert Probleme, trübt das Urteilsvermögen, verdreht die Realität, lässt Emotionen hochschlagen, vertieft Ablehnung, verhindert friedliche Problemlösungen und bietet dem Teufel die willkommene Gelegenheit, Zwietracht zu säen (Eph 4,26-27). Deshalb sollten wir nicht zulassen, dass unbeherrschte Gefühle oder Zorn eine Zusammenkunft beherrschen, ganz gleich, wie kontrovers das zu besprechende Thema auch sein mag. Unbeherrschtheit reißt Wunden und lähmt den Entscheidungsprozess. Unkontrollierter Zorn ist die vorrangige Ursache dafür, dass viele Menschen in ihren Beziehungen zu Geschwistern vom Bösen überwunden werden (Röm 12,21).

Die Bibel warnt eindrücklich vor der zerstörerischen Kraft des unkontrollierten Zorns und sagt uns, dass ein jähzorniger Mann nicht Ältester einer Gemeinde werden kann (Tit 1,7). Ein Ältester sollte vielmehr milde, also geduldig und vergebend sein (1Tim 3,3).

»Eine sanfte Antwort wendet Grimm ab, aber ein kränkendes Wort erregt Zorn.« (Spr 15,1) »Euer Wort sei allezeit in Gnade, mit Salz gewürzt; ihr sollt wissen, wie ihr jedem einzelnen antworten sollt!« (Kol 4,6)

Des Weiteren zeigen die Voraussetzungen zum Ältestendienst, dass ein Gemeindeleiter selbstbeherrscht (nüchtern, besonnen) sein soll. Wenn also ein Ältester unbeherrscht ist, herumschreit, Anklagen und Drohungen ausspricht oder den Charakter oder die Motive anderer angreift, sollte die Sitzung abgebrochen und erst dann weitergeführt werden, wenn der Geist Gottes wieder die Herrschaft hat.

Denken wir einmal über die folgenden biblischen Wahrheiten nach. Wir sollten sie uns zu Herzen nehmen, um zu einem beherrschteren Gesprächsteilnehmer zu werden:

> *»Da ist ein Schwätzer, dessen Worte sind Schwertstiche; aber die Zunge der Weisen ist Heilung.«* (Spr 12,18)

> *»Ein hitziger Mann erregt Zank.«* (Spr 15,18a)

> *»Seinen ganzen Unmut lässt der Tor herausfahren.«* (Spr 29,11a)

> *»Ein Hitziger ist reich an Vergehen.«* (Spr 29,22b)

> *»Zürnet, und sündigt dabei nicht! Die Sonne gehe nicht unter über eurem Zorn, und gebt dem Teufel keinen Raum!«* (Eph 4,26.27)

»Jetzt aber legt auch ihr das alles ab: Zorn, Wut, Bosheit, Lästerung, schändliches Reden aus eurem Mund.« (Kol 3,8)

»Jeder Mensch sei ... langsam zum Zorn! Denn eines Mannes Zorn wirkt nicht Gottes Gerechtigkeit.« (Jak 1,19-20)

Im schroffen Gegensatz zu unkontrolliertem Zorn, Wut, Verbitterung, Unbeherrschtheit und der spitzen Zunge ermutigt die Heilige Schrift uns zur Ruhe, Milde, Selbstbeherrschung, zu einem barmherzigen Gemüt, zu kontrolliertem Zorn, zu gütigen, weisen und heilenden Worten.

Unkontrollierter Zorn ist die vorrangige Ursache dafür, dass viele Menschen in ihren Beziehungen zu Geschwistern vom Bösen überwunden werden

Nur durch die folgenden biblischen Verhaltensrichtlinien haben wir Aussichten auf gesunde Beziehungen und eine Leiterschaft, welche die Herde nach dem Vorbild Christi weidet.

Wir sollten uns beim Durchlesen der folgenden Bibelstellen Zeit nehmen und sie auf Herz und Verstand wirken lassen, damit Gottes Wesen bei unseren Zusammenkünften mehr zum Vorschein kommt:

»... aber die Zunge der Weisen ist Heilung.« (Spr 12,18b)

»Der Langmütige ist reich an Verständnis.« (Spr 14,29a)

»Eine sanfte Antwort wendet Grimm ab, aber ein kränkendes Wort erregt Zorn.« (Spr 15,1)

»Gelassenheit der Zunge ist ein Baum des Lebens.« (Spr 15,4a)

»... ein Langmütiger beschwichtigt den Rechtsstreit.« (Spr 15,18b)

»Wer seine Worte zügelt, besitzt Erkenntnis; und wer kühlen Geist bewahrt, ist ein verständiger Mann.« (Spr 17,27)

»Ehre ist es dem Mann, vom Streit abzulassen, jeder Narr aber fängt Streit an.« (Spr 20,3)

»... eine sanfte Zunge zerbricht Knochen.« (Spr 25,15b)

»Weise aber wenden den Zorn ab.« (Spr 29,8b)

»Euer Wort sei allezeit in Gnade, mit Salz gewürzt; ihr sollt wissen, wie ihr jedem Einzelnen antworten sollt!« (Kol 4,6)

»Wer ist weise und verständig unter euch? Er zeige aus dem guten Wandel seine Werke in Sanftmut der Weisheit!« (Jak 3,13)

Lernverse: Sprüche 12,18; 15,1, 15,18; Kolosser 4,6; Jakobus 1,19-20

Prinzipien effektiver Kommunikation

Eine Ältestensitzung beinhaltet, dass Menschen zusammenkommen und miteinander reden, um ein Ziel zu erreichen. Bruce Stabbert merkt an: »Eines der wichtigsten Bestandteile jeder Art von Teamwork ist gute Kommunikation.«[2] Doch in vielen Fällen besteht eine furchtbare Kommunikation unter der Ältestenschaft sowie zwischen den Ältesten und der Gemeinde. Schlechte Kommunikation hat viele negative Auswirkungen:

- schlechte Gruppendynamik,
- keine Unterhaltung, ohne sich in Streitgespräche zu verwickeln,
- ungenaues Delegieren von Aufgaben, wodurch Arbeiten unnötig, doppelt oder gar nicht erledigt werden,
- unzureichendes Eingehen auf die Fragen und Bitten der Geschwister,
- Aufgaben werden nicht zufriedenstellend erledigt,
- Prioritäten der Gruppe sind nicht klar abgesteckt,
- Missverständnisse, Misstrauen und Isolation unter den einzelnen Ältesten,
- Zurückhaltung, einander zu korrigieren oder Wegweisung zu geben,
- Geschwister werden bei der Erfüllung ihrer Aufgaben unzureichend angewiesen oder unterstützt,
- Schwierigkeiten bei der Entscheidungsfindung,
- schlechte Arbeitsmoral in der Ältestenschaft,

- wiederholt werden Leute verletzt,
- frustrierte, uninformierte Gemeinde.

Man kann sicher sagen, dass jeder, der ein Interesse daran hat, das Evangelium zu verbreiten oder die Herde Gottes zu weiden, an seiner Fähigkeit zur Kommunikation arbeiten sollte. So bat beispielsweise Paulus um Gebetsunterstützung, dass er das Evangelium klar und deutlich mitteilen konnte (Kol 4,4).

Ebenso setzt Leiterschaft in der Gemeinde gute Gesprächsfähigkeiten voraus, weil dies eine Voraussetzung für gute Beziehungen, für sorgenden Hirtendienst und gewinnbringende Zusammenkünfte ist.

Prinzipien zur Kommunikation aus dem Buch der Sprüche

Gott hat uns in seiner Weisheit alles zum Leben und zur Gottseligkeit gegeben (2Petr 1,3). Das Buch der Sprüche hat viel über die Macht der Worte zu sagen und ihre Fähigkeit zu heilen oder zu verletzen, zu vereinen oder zu trennen. Hieraus können wir einige wichtige Prinzipien der Kommunikation ableiten. Wenn wir diese Prinzipien dauerhaft anwenden, werden sie uns helfen, uns besser zu verständigen. Gemeindeleiter tun gut daran, über diese Verse nachzusinnen und für Bereiche zu beten, die der Verbesserung bedürfen.

Gute Gesprächsfähigkeiten sind eine Voraussetzung für gute Beziehungen, für sorgenden Hirtendienst und gewinnbringende Zusammenkünfte.

Der Weise teilt sich gut und zum Segen anderer mit.

»Von der Frucht seines Mundes kann man sich satt essen an Gutem.« (Spr 12,14a)

»... aber die Zunge der Weisen ist Heilung.« (Spr 12,18b)

»Ein Mann hat Freude an der treffenden Antwort seines Mundes, und ein Wort zu seiner Zeit, wie gut!« (Spr 15,23)

»Tiefe Wasser sind die Worte aus dem Mund eines Mannes, ein sprudelnder Bach, eine Quelle der Weisheit.« (Spr 18,4)

»Anmut der Sprache fördert das Lehren.« (Spr 16,21b)

»Goldene Äpfel in silbernen Prunkschalen, so ist ein Wort, geredet zu seiner Zeit.« (Spr 25,11)

Gute Kommunikation ist kontrolliert und gezügelt.

»Bei vielen Worten bleibt Treubruch nicht aus, wer aber seine Lippen zügelt, handelt klug.« (Spr 10,19)

»Wer seinen Mund behütet, bewahrt sein Leben.« (Spr 13,3a)

»... wer aber eine Sache immer wieder aufrührt, entzweit Vertraute.« (Spr 17,9b)

»Die Lippen des Toren kommen an mit Streit.« (Spr 18,6a)

Worte können heilen und ermutigen, aber auch verletzen und zerstören.

»Da ist ein Schwätzer, dessen Worte sind Schwertstiche; aber die Zunge der Weisen ist Heilung.« (Spr 12,18)

»Kummer im Herzen des Mannes drückt es nieder, aber ein gutes Wort erfreut es.« (Spr 12,25)

»... aber ein kränkendes Wort erregt Zorn.« (Spr 15,1b)

»Freundliche Worte sind Honig, Süßes für die Seele und Heilung für das Gebein.« (Spr 16,24)

»Tod und Leben sind in der Gewalt der Zunge.« (Spr 18,21a)

Die beste Kommunikation ist immer aufrichtig und wahrhaftig.

»Die wahrhaftige Lippe besteht für immer.« (Spr 12,19a)

»Ein Gräuel für den HERRN sind Lippen, die lügen; wer aber Treue übt, hat sein Wohlgefallen.« (Spr 12,22)

»... und wer aufrichtig redet, den liebt er.« (Spr 16,13b)

»Die Lippen küsst, wer eine richtige Antwort gibt.« (Spr 24,26)

Der Weise hört gut zu und ist offen für Rat und Korrektur.

»Der Weise höre ...« (Spr 1,5a)

»... der Weise aber hört auf Rat.« (Spr 12,15b)

»Das Herz des Gerechten überlegt, was zu antworten ist.« (Spr 15,28a)

»Tiefes Wasser ist der Ratschluss im Herzen des Mannes, aber ein verständiger Mann schöpft ihn herauf.« (Spr 20,5)

»Ein goldener Ohrring und ein Halsgeschmeide aus feinem Gold, so ist ein weiser Mahner für ein hörendes Ohr.« (Spr 25,12)

Prinzipien der Kommunikation für Leiter

Als solche, die Verantwortung für andere Menschen tragen, müssen wir beständig auf unsere Gesprächsfertigkeiten Acht haben. Gott teilt sich mit und er hat auch uns mit dieser Fähigkeit geschaffen. Uns wurde die Möglichkeit gegeben, mit Gott und anderen Menschen zu kommunizieren, doch der Sündenfall hat diese wunderbare Gabe beeinträchtigt. Sünde zerstört unsere Fähigkeit zur Kommunikation, wodurch viele zwischenmenschliche Probleme entstehen. Auch ruft schlechte Kommunikation unnötige Entmutigung in einer Gemeinde hervor. Die nachfolgenden Richtlinien sollen unseren Austausch mit den Mitältesten und der Gemeinde verbessern.

Wir sollten uns darüber bewusst sein, dass gute Kommunikation mit Anstrengungen verbunden ist. Die meisten Menschen, besonders die Männer, sind kommunikationsfaul. Sie sind oft nicht bemüht, die Energie aufzubringen, die benötigt wird, um sich gut mitzuteilen.

Wir sollten hier bereit sein, uns zu bessern, weil wir andere Menschen lieben und für sie Sorge tragen. *»Besser offene Rüge als verborgen gehaltene Liebe«* (Spr 27,5). Die Menschen benötigen den Zuspruch, dass sie geliebt, wertgeschätzt und verstanden werden. Als Leiter sind wir den Geschwistern in der Gemeinde wichtig. Sie wollen mit uns reden und von uns hören. In allen Briefen des Paulus erkennen wir seine außerordentliche Gabe, sich mit Menschen wirklich auszutauschen, schwierige Probleme anzusprechen, seiner innigen Liebe und aufrichtigen Dankbarkeit Ausdruck zu verleihen, aber auch tiefe Entmutigungen mitzuteilen (siehe z. B. den 2. Korintherbrief).

Wir sollten lernen, gütig, milde, barmherzig und taktvoll zu reden. Dieser Rat ist tief in der Heiligen Schrift verwurzelt:

> *»Eine sanfte Antwort wendet Grimm ab, aber ein kränkendes Wort erregt Zorn.«* (Spr 15,1)

> *»... und Anmut der Sprache fördert das Lehren.«* (Spr 16,21b)

> *»Durch langen Atem wird ein Richter überredet, und eine sanfte Zunge zerbricht Knochen.«* (Spr 25,15)

> *»Ich selbst aber, Paulus, ermahne euch durch die Sanftmut und Milde Christi.«* (2Kor 10,1a)

> *»Kein faules Wort komme aus eurem Mund, sondern nur eins, das gut ist zur notwendigen Erbauung, damit es den Hörenden Gnade gebe!«* (Eph 4,29)

> *»Euer Wort sei allezeit in Gnade, mit Salz gewürzt.«* (Kol 4,6a)

Wir sollten auf Dinge achten, die einer guten Kommunikation im Wege stehen. Belehrungen oder »Predigten«, innerer Rückzug oder Kündigung, vorschnelles Verletztsein oder Aufgebrachtsein, Monologe, Egozentrik, Ausweichmanöver und Polemik sind der Tod für jede echte Kommunikation, insbesondere bei unserer Familie oder bei guten Freunden. Wir alle besitzen Kommunikationsschwächen und sollten deshalb erkennen, wo wir in der Gefahr stehen, den offenen Austausch in der Ältestenschaft zu behindern. Mit Gottes Hilfe sollten wir versuchen, die Kommunikation zu unseren Mitältesten zu verbessern.

Wir sollten uns anstrengen, geduldig zuzuhören. »Effektive Leiterschaft hat mehr mit Zuhören als mit Reden zu tun.«[3] Obwohl Reden einfacher ist als Zuhören, wird unser Hirtendienst und unsere Teilnahme an Besprechungen besser werden, wenn wir gute Zuhörer sind. Tragische Fehlbeurteilungen und Missverständnisse könnten vermieden werden, wenn wir nur besser hinhören würden.

Menschen wollen gehört und verstanden werden, aber oft teilen sie sich nicht eindeutig mit.

Menschen wollen gehört und verstanden werden, aber oft teilen sie sich nicht eindeutig mit. Als gute Zuhörer sollten wir also nicht annehmen, wir würden alles verstehen, was andere uns sagen. Hören wir vielmehr geduldig und sorgfältig hin und geben keine vorschnellen Antworten. Wir sollten viele Fragen stellen, um dem Redenden zu helfen, das Gesagte zu verdeutlichen. Versetzen wir uns in die Situation und den Gedankenprozess des anderen hinein. Achten wir auf Augenkontakt und Körpersprache. Wir sollten aber genauso auf das achten, was nicht erwähnt wurde. Wenn wir auf diese Dinge schauen, wird es in unseren Gesprächen und Ältestensitzungen zu weniger Missverständnissen kommen.

Wir sollten in der Kommunikation die Initiative ergreifen. Weil die Ältesten die Gemeinde gemeinsam leiten, sollten sie in der Lage sein, offen und ehrlich miteinander zu reden. Wenn die Ältesten einander nicht korrigicren, fördern und anweisen können, dann wird auch ihr Hirtendienst unzureichend sein.

Das Urteil jedes einzelnen Ältesten ist entscheidend, um zu einer guten Entscheidung zu gelangen, aber der Druck, sich der mehrheitlichen Meinung anzuschließen, kann so groß sein, dass der Gruppe objektive Beiträge verloren gehen. Um der Einheit oder persönlichen Freundschaft willen, äußern einige Älteste ihre Bedenken oder ihren Einspruch nicht. Andere schweigen, weil sie nicht den Eindruck erwecken wollen, kontrovers zu sein. Wieder andere wollen den älteren, angesehenen Teilnehmern nicht widersprechen. Eine solche Zurückhaltung beeinträchtigt die Entschlussfähigkeit der Gruppe, behindert die Kreativität und lähmt einen gesunden Entscheidungsprozess.

Hören wir vielmehr geduldig und sorgfältig hin und geben keine vorschnellen Antworten.

Jeder Einzelne im Ältestenrat hat eine eigene und

wichtige Sichtweise. Ein gesundes Ältestenteam schafft eine Atmosphäre, die jedem gestattet, sich zu Wort zu melden, ohne Ablehnung oder Angriffe fürchten zu müssen.

Wenn wir Zweifel haben, sollten wir diese äußern und nicht schweigen! Haben wir den Mut, es auszusprechen.

Wir sollten immer daran denken, dass der Geist Gottes eine einzige kritische Stimme gebrauchen kann, um die gesamte Ältestenschaft vor einer falschen Entscheidung zu bewahren. »Reife Leiter haben es gelernt, widersprechen zu können, ohne damit Widerspruch hervorzurufen. Sie können ihre Meinung offen darlegen in der Erwartung, dass die anderen zuhören und sie aufrichtig überdenken.«[4]

Deshalb muss ein Ältester seine Gedanken frei ausdrücken können, ohne Angst zu haben, als Quertreiber angesehen zu werden. Wenn wir Zweifel an der Richtigkeit eines Konzeptes oder einer Vorgehensweise haben, sollten wir diese äußern und nicht schweigen! Haben wir den Mut, es auszusprechen. Unsere Bereitschaft, offen und ehrlich zu sein, wird vielleicht auch andere ermutigen, sich zu Wort zu melden.

Aufgaben und Verantwortung sollten klargestellt werden. Gemeinsame Leiterschaft setzt beständigen Austausch über Zuständigkeitsbereiche und Aufgabenzuteilung innerhalb der Gruppe voraus. Wie das Sprichwort schon sagt: »Wo alle beauftragt sind, ist niemand zuständig.« Wenn zum Beispiel jemand in der Gemeinde vor einer kritischen Operation steht, und jeder Älteste davon ausgeht, dass ein anderer den Kranken vor der Operation besucht, könnte es passieren, dass am Ende kein Ältester dort war, weil jeder dachte, ein anderer hätte dies getan. Um solche Situationen oder die doppelte Erledigung von Aufgaben zu vermeiden, ist es wichtig, dass die Ältesten ihre Zuständigkeitsbereiche, Aufgaben und Termine klar miteinander absprechen. Dies setzt regelmäßigen Austausch über die anstehenden Aufgaben in der Gemeinde voraus.

Dienste sollten immer mit entsprechenden Anweisungen zugeteilt werden. Wenn man jemandem eine Aufgabe gibt, sollte man die entsprechende Person darüber informieren, was hierbei von ihr erwartet wird. Wir sollten nicht davon ausgehen, dass der andere unsere Gedanken lesen kann oder weiß, was die Ältesten erreichen wollen. Der Herr Jesus ist hier unser Vorbild. Als er die Zwölf Jünger aussandte, sagte er ihnen sehr genau, was sie tun, welche Reaktionen sie erwarten und wie sie darauf reagieren sollten (Mt 10,1–11,1).

Das ist nicht meine Aufgabe

Dies ist die Geschichte von vier Menschen mit Namen *Jederman*, *Jemand*, *Irgendjemand* und *Niemand*.
Eine wichtige Arbeit war zu erledigen und *Jederman* war sicher, dass *Jemand* sie

tun würde. *Irgendjemand* hätte es machen können, aber *Niemand* tat es. *Jemand* war darüber zornig, weil es *Jedermans* Aufgabe war. *Jederman* dachte, dass *Irgendjemand* es machte, aber *Niemand* bemerkte, dass *Jederman* selbst es nicht tun würde.
Es endete damit, dass *Jederman Jemand* beschuldigte, als *Niemand* tat, was *Irgendjemand* hätte tun können.

Lassen wir Menschen nicht im Unklaren! Die Menschen, für die wir Verantwortung tragen, sollten unsere Überzeugungen, unsere Ziele und Ausrichtung als Gemeinde kennen und über eventuelle Veränderung informiert werden. Wir sollten diese Dinge klar und deutlich vermitteln. Unsere Entscheidungen sollten an alle Personen und Gruppen weitergegeben werden, die sie betreffen. Des Weiteren sollten bestimmte Schlüsselpersonen oder Gruppen in den Entscheidungsprozess mit eingebunden werden. So kündigten zum Beispiel die Ältesten einer Gemeinde an, dass die Orgel bei den Gottesdiensten nicht mehr benutzt werden sollte. Doch sie hatten diese Entscheidung weder mit den 4 Organisten noch mit den 10 Familien, welche die Orgel für die Gemeinde gekauft hatten, abgesprochen. Als Folge davon fühlten sich Geschwister verraten und verließen die Gemeinde.

Stülpe wichtige Entscheidungen anderen nicht über. Die Geschwister wollen an den Entscheidungen, die ihren Dienst und ihr Gemeindeengagement betreffen, Anteil haben. Deshalb sollten wir sie in den Entscheidungsprozess einbeziehen. Diese Gemeindeglieder haben Weisheit, Standpunkte und Informationen, die für eine gesunde Entscheidung von äußerster Wichtigkeit sein können.

Sei ermutigend. Wir sollten die Geschwister wissen lassen, dass wir ihr Engagement für die Gemeinde schätzen. Menschen brauchen Ermutigung und das nicht nur einmal. Dies gilt auch innerhalb der Ältestenschaft. Folgen wir dem Beispiel des Barnabas und lassen wir unsere Geschwister (dies schließt unsere Mitältesten ein) wissen, dass wir Gott für sie dankbar sind.

Schluss mit der Gerüchteküche! Offener und regelmäßiger Austausch mit der Gemeinde beugt Gerüchten vor. Deshalb sollten wir offen für Fragen sein und den Informationsfluss zwischen Gemeinde und Ältestenschaft aufrecht erhalten. In schwierigen Zeiten sollten wir das Gespräch mit den Geschwistern vermehrt suchen. Dies gilt besonders in Fällen, wo Gemeindezucht angewandt werden musste oder Sünde öffentlich aufgedeckt wurde.

Eine Gemeinde wurde zum Beispiel von dem Gerücht erschüttert, dass ein Ältester Geld veruntreut hätte und die anderen Ältesten ihn nun deckten. Doch dieses Gerücht entsprach nicht den Tatsachen. Aber weil die Ältesten die Angelegenheit nicht schnell und deutlich vor der gesamten Gemeinde klarstellten, waren die Geschwister verwirrt und verloren das Vertrauen in sie.

Prinzipien für die Organisation guter Besprechungen

Wir sollten nicht meinen, dass Organisations- und Verwaltungstalente im Reich Gottes nicht benötigt würden. Die Bibel sagt uns: *»Alles aber geschehe anständig und in Ordnung«* (auch die Treffen der Ältesten; 1Kor 14,40). Der Geist Gottes gibt wenigen die besondere Gabe, Gottes Herde zu weiden und das Haus Gottes zu verwalten (Röm 12,8; 1Kor 12,28; Eph 4,11). Die Urgemeinde erkannte den Bedarf an Führung und Verwaltung und entwickelte unter der Leitung der Apostel eine Strategie, wodurch die Prioritäten im Dienst der Apostel sichergestellt wurden und man den Bedürfnissen der armen Witwen begegnete (Apg 6,1-6). Im Gegensatz hierzu ist der Teufel der Urheber der Verwirrung sowie der Verschwendung von Zeit und Gaben.

Administrative Fähigkeiten sind für den Dienst der Ältestenschaft und für das Zusammenleben in der Gemeinde so wichtig, dass ein Ältester entsprechend den Anforderungen des Wortes Gottes seinem eigenen

Haus gut vorstehen (verwalten) soll. Weiter heißt es, dass ein Mann, der seinen eigenen Haushalt nicht verwalten kann, auch nicht in der Lage ist, der größeren Aufgabe der Verwaltung des Hauses Gottes gerecht zu werden (1Tim 3,4-5).

Die Bibel bezeichnet Älteste auch als Gottes Verwalter (Tit 1,7). Ein Verwalter (griechisch: oikonomos) war in der Antike oft ein Sklave, dem die Verwaltung des Besitzes anvertraut war und der dem Herrn des Hauses gegenüber Rechenschaft ablegen musste.

Des Weiteren beauftragt der Geist Gottes die Ältesten, Gottes Herde zu weiden. Auch ein Hirte ist ein Verwalter oder Aufseher. Der Hirte einer wirklichen Schafherde in Israel musste Land- und Wasserressourcen geschickt verwalten, damit die Versorgung seiner Schafe auch in den dürren Sommermonaten gewährleistet war.

Er musste in der Lage sein, Krankheiten zu behandeln oder gegen sie vorzubeugen. Er musste seine Herde vor Gefahren, wilden Tieren und Unwettern schützen. Auf gleiche Weise haben die Ältesten als Unterhirten und Verwalter Gottes die Verantwortung und Vollmacht, das Haus Gottes zu verwalten. Gute administrative Fähigkeiten sind Teil eines gesunden Hirtendienstes und treuer Verwaltung.

Doch eine gute Verwaltung des Hauses Gottes beginnt mit einer guten Organisation der Ältestensitzungen.

Doch eine gute Verwaltung des Hauses Gottes beginnt mit einer guten Organisation der Ältestensitzungen. Eine sich selbst organisierende Gruppe wie die Ältestenschaft einer Gemeinde benötigt Ordnung, klare Prioritäten, Disziplin und eine gewisse Selbstkontrolle, um nicht ineffektiv zu werden. Doch Tatsache ist, dass viele Ältestenräte zur Ziellosigkeit neigen, sich mit Mittelmäßigkeit zufrieden geben und der Gemeinde keine wirkliche Führung bieten. Dies sollte uns umso mehr anspornen, unsere Sitzungen nach gesunden Prinzipien des Gruppenmanagements und der Organisation zu führen. Gut abgehaltene Sitzungen fördern die Leiterschaft und Gruppenmoral. Deshalb sollten wir einige bewährte Ratschläge überdenken, um die Administration unserer Ältestentreffen zu verbessern.

Prioritäten im Auge behalten

Gemeindeälteste müssen sich der ihnen von Gott gegebenen Prioritäten bewusst sein, ansonsten werden ihre Besprechungen schnell vom Wesentlichen abkommen. Es gibt qualifizierte Männer, die ihre Gaben einsetzen wollen, um am Wort Gottes zu dienen und die Herde zu weiden, aber sie wollen nicht zur Ältestenschaft ihrer Gemeinde gehören, weil die Ältestensitzungen im Dickicht administrativer Trivialitäten ersticken. Viele Ältestenräte fungieren in Wirklichkeit als besserer Diakonenausschuss oder als Komitee zur Verwaltung des Gemeindegebäudes. Durch viele Details und Aufgaben werden sie vom Wesentlichen abgelenkt, nämlich die Gemeinde geistlich zu führen.

Ein Weg zur Lösung dieses Problems ist, den Besprechungen eine neue biblische Ausrichtung zu verleihen. Sitzungen und Agenden sollten so umfunktioniert werden, dass sie das widerspiegeln, was die Bibel über die Aufgaben von Ältesten zu sagen hat (siehe Seite 12-16). Dann werden die Ältesten gemeinsam als biblische Leiterschaft agieren. Die Treffen werden die wirklich wichtigen Dinge zum Thema haben: die Glaubensüberzeugungen der Gemeinde zu definieren und klarzustellen, ein eigenes Auftragsbewusstsein und eine geistliche Schau zu schaffen, die grundlegenden Dienste in der Gemeinde zu beurteilen und zu fördern, den Hirtendienst zu verbessern und Pläne für die Zukunft zu erarbeiten.

Es gibt qualifizierte Männer, die ihre Gaben einsetzen wollen, um am Wort Gottes zu dienen und die Herde zu weiden, aber sie wollen nicht zur Ältestenschaft ihrer Gemeinde gehören, weil die Ältestensitzungen im Dickicht administrativer Trivialitäten ersticken.

Der Dienst der Ältesten dreht sich um drei Kernaufgaben: Menschen, Gebet und das Wort Gottes. Diese drei Dinge sollten bei der Planung einer Besprechung stets im Blickfeld behalten werden. Natürlich müssen sich die Ältesten auch um andere Aufgaben kümmern, von denen einige durchaus sekundär sind, aber diese zweitrangigen Dinge dürfen die Ältestentreffen nicht dominieren und beherrschen, wie dies oft der Fall ist.

Menschen

Die Aufgaben der Ältesten haben stets mit Menschen zu tun. Der

Geist Gottes beruft die Ältesten, sich um Menschen zu kümmern (Apg 20,28; 1Petr 5,1-2). Und die Bibel bezeichnet die Ältesten als die *»Ältesten des Volkes«* (2Mo 19,7). Hebräer 13,17 beschreibt ihre Aufgabe sehr schön darin, dass sie *»über eure Seelen«* wachen. Jakobus spricht vom Glauben, den Gebeten und dem Rat der Ältesten für die Kranken:

> *»Ist jemand krank unter euch? Er rufe die Ältesten der Gemeinde zu sich, und sie mögen über ihm beten und ihn mit Öl salben im Namen des Herrn. Und das Gebet des Glaubens wird den Kranken retten, und der Herr wird ihn aufrichten, und wenn er Sünden begangen hat, wird ihm vergeben werden.«* (Jak 5,14-15)

Es gibt weitere Stellen, welche die Verantwortung der Ältesten für Menschen betonen. Paulus erinnert die Ältesten aus Ephesus daran, dass sie sich der Schwachen annehmen müssen (Apg 20,35). Die Voraussetzung für biblische Älteste verlangt von ihnen, gastfrei (1Tim 3,2) und fähig zu sein, Menschen in der gesunden Lehre zu unterweisen und sie vor Irrlehren zu beschützen (Tit 1,9). Älteste werden angewiesen, das Volk Gottes zu hüten (1Petr 5,1-2), was bedeutet, dass sie führen, lehren, schützen und für Menschen Sorge tragen sollen.

Deshalb sollten sich Älteste immer bewusst sein, dass sie Gottes kostbarer Familie, seiner Gemeinde der Erlösten und seinem Haus vorstehen. Die Gemeinde ist keine geschäftliche Organisation, kein Regierungsministerium oder keine Militärinstitution. Sie ist ein geistliches Haus, eine Familie. Da der Schwerpunkt auf zwischenmenschlichen und familiären Beziehungen liegt, sollte die Leiterschaft am Vorbild eines Hirten oder Vaters ausgerichtet sein.

Um ihrer Verantwortung gegenüber der Familie Gottes gerecht zu werden, müssen sich die Ältesten Zeit nehmen, um die Bedürfnisse des Volkes Gottes zu besprechen. Sie müssen sich gegenseitig über neue Gesichter in der Gemeinde informieren, aber auch über verirrte Schafe, denen nachgegangen werden muss (ein Gebiet, auf dem die meisten Gemeinden versagen).

Die Gemeinde ist keine geschäftliche Organisation, kein Regierungsministerium oder keine Militärinstitution. Sie ist ein geistliches Haus, eine Familie.

Sie sollten sich über geschehene Besuchsdienste, dringende Telefongespräche und Kranke in der Gemeinde gegenseitig Bericht erstatten. Bei schwierigen Seelsorgefällen oder im Umgang mit in Sünde lebenden Geschwistern sollten sich die Ältesten gegenseitig unterstützen und beraten. Während ihrer Treffen sollten die Ältesten Termine für Besuche und Anrufe koordinieren, die zur Erfüllung ihrer Aufgaben nötig sind.

Die Ältesten sollten regelmäßig andere wichtige Verantwortungsträger der Gemeinde (Sonntagsschulleiter, Diakone, Jugendleiter, Hauskreisleiter usw.) zu ihren Treffen einladen, um Informationen auszutauschen und um Rechenschaft abzulegen. Die fürsorglichen Anweisungen und die Ermutigungen der Ältesten werden diese Leiter motivieren, weiterzumachen und ihren Dienst zu verbessern.

Manchmal ist es auch nötig, dass andere Geschwister der Gemeinde sich mit den Ältesten zur besonderen Fürbitte, Seelsorge oder Zurechtweisung treffen. Missionare im Heimaturlaub benötigen vertrauliche Zeit mit den Ältesten, um ihnen ihre besonderen Nöte mitzuteilen und Wegweisung zu suchen. Im Gegenzug sollten Älteste Informationen von ihren Missionaren sammeln, um besser für sie beten, sie besser beraten und ermutigen und die Gemeinde in der finanziellen und moralischen Unterstützung leiten zu können.

Die Ältesten sollten regelmäßig andere wichtige Verantwortungsträger der Gemeinde zu ihren Treffen einladen, um Informationen auszutauschen und um Rechenschaft abzulegen. Die fürsorglichen Anweisungen und die Ermutigungen der Ältesten werden diese Leiter motivieren, weiterzumachen und ihren Dienst zu verbessern.

Unser Herr nimmt die Verantwortung der Ältesten gegenüber seinem Volk sehr ernst. Denken wir zum

Beispiel einmal über seine ermahnenden Worte gegenüber den Hirten Israels nach:

> *»Die Schwachen habt ihr nicht gestärkt und das Kranke nicht geheilt und das Gebrochene nicht verbunden und das Versprengte nicht zurückgebracht und das Verlorene nicht gesucht, sondern mit Härte habt ihr über sie geherrscht und mit Gewalt.«* (Hes 34,4)

Die Ernsthaftigkeit der Verantwortung der Ältesten gegenüber der Herde Gottes wird auch im folgenden Vers deutlich:

> *»Gehorcht und fügt euch euren Führern! Denn sie wachen über eure Seelen, als solche, die Rechenschaft geben werden, damit sie dies mit Freuden tun und nicht mit Seufzen; denn dies wäre nicht nützlich für euch.«* (Hebr 13,17)

Gebet

Die Ältesten der Urgemeinde drückten ihre primäre Aufgabe auf erstaunlich einfache Weise aus: *»Wir aber werden im Gebet und im Dienst des Wortes verharren«* (Apg 6,4). Gebet ist keine Formalität, mit der man Zusammenkünfte beginnt oder schließt, sondern es ist ein wesentlicher Bestandteil des Werkes und eine Berufung für alle, die das Volk Gottes führen. Deshalb sollte das Gebet einen wesentlichen Bestandteil der Ältestentreffen ausmachen.

Es gibt in jeder Gemeinde geistliche Probleme und körperliche Nöte, bei denen das gläubige und beharrliche Gebet die einzige Lösung ist. Als die Jünger vor einem Problem standen, das sie nicht lösen konnten, sagte der Herr ihnen: *»Diese Art kann durch nichts ausfahren als nur durch Gebet«* (Mk 9,29; vgl. Mt 17,20-21). Auch sollten die Ältesten sich all der vertraulichen Gebetsanliegen annehmen, die nicht öffentlich genannt werden können.

Älteste können im Hinblick auf das Gebet nicht gleichgültig sein. Unser Herr war dies auch nicht. Die Schrift sagt uns eindrücklich, dass Gebetslosigkeit gleich Ungehorsam und Sünde ist (1Sam 12,23; Lk 18,1). Die folgenden praktischen Vorschläge sollen den Gebetsdienst der Ältesten verbessern, insbesondere während ihrer Zusammenkünfte.

Mit Gebet beginnen. Wenn Älteste mit dem gemeinsamen Gebet bis zum Ende der Sitzung warten, bleibt ihnen oft wenig Zeit und Energie, ernsthaft in der Fürbitte für die Gemeinde einzutreten. Deshalb ist es am Besten, die Besprechung mit Gebet zu beginnen. Auch wenn das Treffen mit Gebet begonnen hat, kann man am Ende der Sitzung eine weitere Gebetszeit anschließen. Je mehr Gebet, umso besser.

Gebetslisten benutzen. Ich habe Ältestensitzungen besucht, wo 20-30 Minuten mit dem Sammeln von Gebetsanliegen zugebracht und wodurch kostbare Gebetszeit vergeudet wurde. Eine vorbereitete und aktuelle Gebetsliste gibt den Ältesten die Möglichkeit, direkt für bestimmte Anliegen zu beten. Zusätzliche besondere Anliegen können jederzeit eingebracht und während der Gebetszeit aufgeschrieben werden. Eine gründliche und stets aktuelle Gebetsliste zu führen, bringt einige Mühe mit sich, aber jemand sollte die nötige Zeit für diese wichtige Aufgabe aufbringen (siehe Anhang B).

Kreativität einsetzen. Es ist wichtig, dass die Gebetszeiten lebendig und lohnend bleiben. Wenn deutlich wird, dass die Gebetsbeteiligung abflacht, sollten neue Gebetsanliegen eingebracht werden, oder aber man teilt sich in kleinere Gebetsgruppen auf. Es gibt viele Möglichkeiten, um ein Gebetstreffen anzufachen, damit es nicht zur müden Routine wird. Ganz gleich, welchen Ablauf man wählt, er sollte von Zeit zu Zeit geändert werden.

Kurze Gebete. Vorsicht vor langen und ausgedehnten Gebeten! Sie können selbst den geistlichsten Streiter im Gebet in den Schlaf wiegen!

Kurze und präzise Gebete dagegen sorgen für Bewegung in der gemeinsamen Gebetszeit. Wenn kurz gebetet wird, kann jeder Älteste mehrmals Anliegen vorbringen. Auch kann für bestimmte Nöte mehrfach gebetet werden. Wenn zum Beispiel jemand in der Gemeinde Krebs hat, kann ein

Deshalb ist es wichtig, die Gemeinde beständig um Gebetsanliegen zu bitten.

Ältester für Heilung beten, ein anderer für die Familie des Kranken, ein weiterer für finanzielle Nöte usw. Diese Art der Fürbitte belebt und stärkt das gemeinsame Gebet. Wir sollten daran denken, unser »Amen« zum Gebet der anderen hinzuzufügen (1Kor 14,16). So wissen die anderen, dass wir zuhören und ihrem Gebet zustimmen.

Gebetskarten auslegen. Hudson Taylor, Gründer der China Inland Mission (1865) und ein großer Streiter im Gebet, sagte, dass Information der Schlüssel ist, um Gebet lebendig zu erhalten.[5]

Das Gleiche gilt auch für die örtliche Gemeinde. Aktuelle Informationen direkt von den Gemeindegliedern stärkt das Gebet der Ältesten und weckt ihre Fürsorge für die Herde.

Deshalb ist es wichtig, die Gemeinde beständig um Gebetsanliegen zu bitten. Dies kann dadurch geschehen, dass man Gebetskarten auslegt, worauf die Geschwister ihre Gebetsanliegen schreiben können. Wir sollten der Gemeinde zeigen, dass wir im Gebet für sie einstehen. Dass wir in der Fürbitte für sie ringen und dass wir Männer des Glaubens und des Gebetes sind (Jak 5,14-15).

Wir sollten der Gemeinde zeigen, dass wir im Gebet für sie einstehen. Dass wir in der Fürbitte für sie ringen und dass wir Männer des Glaubens und des Gebetes sind.

In Gebetsgruppen aufteilen. Wir können uns zum Gebet in Zweiergruppen aufteilen, um persönliche Nöte mitzuteilen und 5-10 Minuten gemeinsam zu beten. Dies hilft den Ältesten, sich untereinander besser kennen zu lernen, einander zu dienen und mehr zu beten. Außerdem belebt es die Gebetszeit während der Ältestentreffen.

Gesang. Gemeinsames Singen fördert das Gebet und die Anbetung. Gesang ist eine sehr inspirierende Art der gemeinsamen Anbetung und des Gebets. Es vereint die Gruppe, gibt ihr geistliche Ausrichtung und bringt die Gegenwart und Leitung des Geistes Gottes zum Ausdruck (Eph 5,18-19).

Persönlich sein. Nennen wir die Menschen, für die wir beten, beim Namen. Wir können zum Beispiel mehrere Familien in der Gemeinde herausgreifen, für die wir beten. Wenn wir dies beständig tun, können wir gemeinsam für jede Familie oder sogar jede Person der Gemeinde im Gebet eintreten.

Seien wir kreativ, beschreiten wir neue Wege und werten diese beständig aus. Doch in erster Linie sollten wir beten!

Eine lebendige Gebetszeit bereitet die Ältesten auf den Rest der Sitzung vor. Das gilt besonders für diejenigen, die schon einen langen Arbeitstag hinter sich haben. Man ist müde und hat oft noch viele andere Gedanken im Kopf. Eine lebendige Gebetszeit erfrischt den Geist und richtet die Gedanken auf die anstehenden Aufgaben aus.

Wenn unsere Gebetszeiten ermüdend sind, sollten

wir dieses Problem sofort in Angriff nehmen. Seien wir kreativ, beschreiten wir neue Wege und werten diese beständig aus. Doch in erster Linie sollten wir beten! Die folgenden Verse sollen uns an die Bedeutung und das Vorrecht des Gebetes erinnern.

> »*Auch was mich betrifft – fern sei es von mir, dass ich mich an dem HERRN versündigen und aufhören sollte, für euch zu bitten; sondern ich will euch den guten und richtigen Weg lehren.*« (1Sam 12,23)

> »*Er sagte ihnen aber auch ein Gleichnis dafür, dass sie allezeit beten und nicht ermatten sollten.*« (Lk 18,1)
> »*… Epaphras, … der allezeit für euch ringt in den Gebeten, dass ihr vollkommen und völlig überzeugt in allem Willen Gottes dasteht.*« (Kol 4,12)

> »*Viel vermag eines Gerechten Gebet in seiner Wirkung.*« (Jak 5,16b)

Wort Gottes

Apostelgeschichte 6,4 ist für Gemeindeleiter einer der wichtigsten Verse des Neuen Testamentes: »*Wir aber werden im Gebet und im Dienst des Wortes verharren.*« Dieser Entschluss, der bei der ganzen Gemeinde Zustimmung fand (Apg 6,5a), setzte damit die grundlegenden Prioritäten im Dienst von Gemeindeältesten: Gebet und das Wort Gottes.

Richard Longenecker schreibt in seinem Bibelkom-

Als Lehrer und Verteidiger des Wortes stehen die Ältesten in der Verantwortung für den Auftrag und die Glaubensüberzeugungen der Gemeinde.

mentar, dass das Wort *»verharren«* sich auf einen festen Entschluss und eine »alleinige Ausrichtung auf eine bestimmte Handlung hin bezieht«.[6] Deswegen sollten sich die Hirten der Gemeinde fest entschlossen auf das Gebet und das Wort Gottes ausrichten.

Als Lehrer und Verteidiger des Wortes stehen die Ältesten in der Verantwortung für den Auftrag und die Glaubensüberzeugungen der Gemeinde. Das bedeutet, dass die Ältesten den fundamentalen Auftrag haben, die unumstößlichen Glaubensgrundsätze, die allgemeine Ausrichtung, die vorrangigen Aufgaben, die Wertvorstellungen, die geistliche Schau und das Auftragsverständnis der Gemeinde zu definieren, klarzustellen und wenn nötig zu korrigieren (Apg 15). Wenn Älteste auf dieser Ebene denken und planen, werden zukünftige Entscheidungen vereinfacht, weil sie auf Grundlage der bereits zuvor festgelegten Überzeugungen, Prioritäten und Ausrichtung getroffen werden.

Des Weiteren steht die Ältestenschaft in der Verantwortung, alle Lehrdienste der Gemeinde zu beaufsichtigen (Sonntagsschule, Frauenstunde, Hauskreise, evangelistische Aktivitäten, Predigtdienst usw.). Praktisch gesehen sollten die Ältesten damit:

- ein eigenes Konzept zur Gemeindebelehrung entwickeln und ständig auswerten;

- die verschiedenen Lehrdienste innerhalb der Gemeinde definieren und bewerten;
- alle Sonntagsschul- und Bibelstudienmaterialien begutachten, die in der Gemeinde Verwendung finden sollen;
- alle Mitarbeiter, die in der Gemeinde Lehrtätigkeiten ausüben, überprüfen und bestätigen;
- einen lehrmäßigen Leitfaden für alle Mitarbeiter zur Verfügung stellen;
- festlegen, nach welcher Methode biblische Lehre vermittelt werden soll;
- evangelistische Aktivitäten planen.

Ein fundamentaler Auftrag der Ältesten ist es, die unumstößlichen Glaubensgrundsätze, die allgemeine Ausrichtung, die vorrangigen Aufgaben, die Wertvorstellungen, die geistliche Schau und das Auftragsverständnis der Gemeinde zu definieren, klarzustellen und wenn nötig zu korrigieren.

Auch kann es sein, dass Lehrfragen auftreten, so dass sich die Ältesten zusammensetzen und gemeinsam die Bibel zu diesem Thema studieren müssen. Das Besprechen von Lehrfragen nimmt etliche Zeit in Anspruch, ist jedoch wichtig, weil die Gemeinde *»der Pfeiler und die Grundfeste der Wahrheit«* ist (1Tim 3,15).

Schließlich muss das Wort Gottes in der Welt verkündigt werden. Wir haben einen Missionsauftrag bekommen (Mt 28,18-20) und eine wunderbare Botschaft weiterzugeben. Die Ältesten müssen über die Verbreitung des Wortes Gottes nachdenken, dafür beten und entsprechend planen, damit sie diese geistliche Sicht für die Verkündigung des Evangeliums der Gemeinde vermitteln können. Das gilt sowohl für die Evangelisation vor Ort als auch für die Anteilnahme an der Weltmission. Nehmen wir uns Zeit, über die folgenden Verse nachzudenken, damit das Wort Gottes den rechten Platz in unseren Herzen einnehmen kann:

> *»So spricht der Herr, HERR: Wehe den Hirten Israels, die sich selbst weiden! Sollen die Hirten nicht die Herde weiden?«* (Hes 34,2b)

> *»Mein Volk kommt um aus Mangel an Erkenntnis. Weil du die Erkenntnis verworfen hast, so verwerfe ich dich, dass du mir nicht mehr als Priester dienst.«* (Hos 4,6a)

> *»Geht nun hin und macht alle Nationen zu Jüngern, … und lehrt sie alles zu bewahren, was ich euch geboten habe! Und siehe, ich bin bei euch alle Tage bis zur Vollendung des Zeitalters.«* (Mt 28,19,20)

> *»Sie* (die ersten Christen) *verharrten aber in der Lehre der Apostel und in der Gemeinschaft.«* (Apg 2,42a)

»... wie ich nichts zurückgehalten habe von dem, was nützlich ist, dass ich es euch nicht verkündigt und euch gelehrt hätte, öffentlich und in den Häusern, ... denn ich habe nicht zurückgehalten, euch den ganzen Ratschluss Gottes zu verkündigen.« (Apg 20,20.27)

»Und er hat die einen als Apostel gegeben und ... andere als Hirten und Lehrer, zur Ausrüstung der Heiligen für das Werk des Dienstes, für die Erbauung des Leibes Christi.« (Eph 4,11-12)

»Bis ich komme, achte auf das Vorlesen, auf das Ermahnen, auf das Lehren!« (1Tim 4,13)

»Die Ältesten, die gut vorstehen, sollen doppelter Ehre gewürdigt werden, besonders die in Wort und Lehre arbeiten. Denn die Schrift sagt: Du sollst dem Ochsen, der da drischt, nicht das Maul verbinden, und: Der Arbeiter ist seines Lohnes wert.« (1Tim 5,17-18)

»Predige das Wort, stehe bereit zu gelegener und ungelegener Zeit; überführe, weise zurecht, ermahne mit aller Langmut und Lehre!« (2Tim 4,2)

»... und was du von mir in Gegenwart vieler Zeugen gehört hast, das vertraue treuen Menschen an, die tüchtig sein werden, auch andere zu lehren!« (2Tim 2,2)

Lernvers: Apostelgeschichte 6,4

Häufigkeit der Ältestentreffen

Um einen effektiven Hirtendienst der Ältestenschaft aufzubauen, bedarf es der regelmäßigen Zeit des gemeinsamen Austausches. Eine Ältestenschaft, die rein administrativen Zwecken dient, benötigt dies nicht unbedingt. Wenn sich die Ältesten einmal im Monat für 3 Stunden treffen, sind dies 36 Stunden im Jahr (unter der Annahme, dass keine Treffen ausfallen). In den meisten Fällen können die wirklichen Aufgaben des Hirtendienstes nicht in einer Zeitspanne angegangen werden, die pro Jahr weniger als der durchschnittlichen Gesamtarbeitszeit einer Woche entspricht. Deshalb sollten Älteste, die eine Sicht für Hirtendienst besitzen, regelmäßige Zusammenkünfte auf ihre Prioritätenliste setzen.

Das Wesen des Hirtendienstes fordert unsere beständige Fürsorge für die Herde Gottes. Doch jede Leiterschaft neigt von Natur aus dazu, mit der Zeit an Motivation, Energie und Effektivität nachzulassen. Regelmäßige Treffen sind deshalb notwendig, um motiviert zu bleiben und nicht von Problemen und Fragen überrannt zu werden. Die Hirten der Gemeinde müssen ausreichend Zeit miteinander verbringen, um zusammen zu beten, Lehrfragen zu behandeln, Nöte und Bedürfnisse von Gemeindegliedern und Missionaren zu besprechen, über die Zukunft der Gemeinde nachzudenken und Aufgaben zu bewältigen, die sie nicht an andere abgeben können.

Einige Aufgaben der Ältesten werden zahlreiche und lange Sitzungen in Anspruch nehmen. Eine bestimmte

Lehrfrage, ein Fall von Gemeindezucht oder Veränderung in den Richtlinien können zum Beispiel lange Diskussionen verlangen, die sich über mehrere Besprechungen erstrecken. Auch kommt es manchmal zu schwierigen Konflikten zwischen einzelnen Geschwistern oder Familien innerhalb der Gemeinde.

Regelmäßige Treffen sind deshalb notwendig, um motiviert zu bleiben und nicht von Problemen und Fragen überrannt zu werden.

Solche Situationen müssen sorgsam überdacht werden und die Ältesten sollten sich die nötige Zeit nehmen, um eine angemessene Vorgehensweise zu erarbeiten, die allen Parteien gegenüber fair ist. Diese Art von Konflikten kann man nicht einfach abtun oder auf die lange Bank schieben und erst recht nicht bei einem Treffen, das nur einmal im Monat stattfindet, zufriedenstellend abhandeln. Es würde zu viel Zeit zwischen den einzelnen Sitzungen vergehen, um in solch schwierigen Fragen ein fruchtbringendes Gespräch und eine wirkliche Problemlösung zu erreichen. Der Entscheidungsprozess wird unnötig in die Länge gezogen.

Häufige Treffen sorgen für einen regelmäßigen Kontakt zwischen vollzeitlichen und berufstätigen Ältesten. Diejenigen, die nicht im vollzeitlichen Dienst stehen, können sich sehr schnell ausgeschlossen fühlen. Unter Umständen fühlen sie sich von denen, die mehr Zeit für Gemeindebelange haben, schlecht informiert und kommen sich unmündig vor. Wenn Älteste nicht auf dieses potenzielle Problem achten, kann es zu Uneinigkeit kommen und die vollzeitlichen Ältesten tun die ganze Arbeit, während die anderen zu einem Beraterstatus herabgesetzt werden. Wenn es zu einer solchen Situation kommt, gibt es wenig Grund für häufige Treffen aller Ältesten. In so einem Fall erscheint es unbequem, sich mehr als einmal monatlich zu treffen. Deshalb sind häufige Treffen wichtig, um eine gesunde Kommunikation und Zusammenarbeit des gesamten Teams sicherzustellen.

Regelmäßige Sitzungen sorgen dafür, dass Arbeiten sich nicht anhäufen und dass mehr Zeit für Gemeinschaft und gegenseitige Unterstützung bleibt. Wenn sich die Ältesten häufig genug treffen, um ihre Aufgaben gut erledigen zu können, bleibt ihnen Zeit, anstatt der regulären Besprechung auch einmal gemütlich zu Abend zu essen, was ihre brüderliche Verbundenheit stärkt. Wir sollten also gut darüber nachdenken, wie oft wir uns im Monat treffen sollen.

Die Häufigkeit der Ältestensitzungen beeinflusst auch, wie lange die einzelnen Besprechungen dauern. Häufige Treffen sind meist kürzer.

Regelmäßige Sitzungen sorgen dafür, dass Arbeiten sich nicht anhäufen und dass mehr Zeit für Gemeinschaft und gegenseitige Unterstützung bleibt.

Älteste, die sich nur einmal monatlich treffen, haben normalerweise eine Marathonsitzung, was zu einer uneffektiven und ermüdenden Hetze führt. An solchen Sitzungen will niemand gerne teilnehmen.

Das Absagen von Treffen ist ein weiterer Punkt. Einige Älteste nut-

Zusammenkünfte abzusagen, kann schnell zu einer schlechten Gewohnheit werden. Außerdem vermittelt es die falsche Botschaft: Was wir tun ist nicht wichtig.

zen jede Gelegenheit, um eine Sitzung abzusagen: Es schneit, es regnet, es ist zu heiß, wir sind zu wenig. Dies ist ein Fehler.

Selbst wenn nur zwei Älteste anwesend sein können, sollten sie sich treffen, gemeinsam beten und erledigen, was ihnen möglich ist. Die übrige Zeit könnte auch für Besuche genutzt werden. Zusammenkünfte abzusagen, kann schnell zu einer schlechten Gewohnheit werden. Außerdem vermittelt es die falsche Botschaft: Was wir tun ist nicht wichtig.

Pünktlichkeit

Für einige Gruppen gehören Unpünktlichkeit, unvorbereitetes Erscheinen, Zeitverschwendung, das Ignorieren oder Versäumen von Aufgaben, das Aufschieben von Verpflichtungen und Absagen von Zusammenkünften zur allgemeinen Praxis. Es mag allgemeine Praxis sein, aber ein solches Verhalten spiegelt mangelnden Respekt gegenüber dem Herrn Jesus und seiner kostbaren Gemeinde wider. Dies ist geistliche Faulheit und gibt Gott die Brotkrumen der kleinstmöglichen Anstrengung anstatt die besten Früchte unserer Zeit und Energie (Röm 12,11).

Verspäteter Beginn der Sitzungen bewirkt eine schlechte Gruppendisziplin. Sie bestraft die, welche pünktlich sind und bestätigt die zu spät Kommenden in ihrem Verhalten. Sie vermittelt den Eindruck, dass es egal ist, wenn man zu spät kommt, dass nichts wirklich Wichtiges bei den Treffen geschieht und sie deshalb nicht ernst genommen werden müssen. Deshalb sollten wir die Besprechungen pünktlich zur vereinbarten Zeit beginnen. Auch wenn nur zwei Personen anwesend sind, sollte jemand die Führung übernehmen und die Gebetszeit beginnen.

Es ist auch wichtig, eine Zeit für das Ende der Besprechung festzulegen und diese Zeit nach Möglichkeit einzuhalten. Natürlich gibt es Situationen, wo es notwendig und fruchtbar ist, eine Besprechung zu verlängern, um eine wichtige Diskussion zu Ende zu führen, aber dies sollte die Ausnahme und nicht die Regel sein. Wenn eine Sitzung deutlich überzogen werden muss, ist es gut, die Teilnehmer um ihr Einverständnis zu bitten und eine neue Schlusszeit festzusetzen.

Wir sollten die Besprechungen pünktlich zur vereinbarten Zeit beginnen. Auch wenn nur zwei Personen anwesend sind, sollte jemand die Führung übernehmen und die Gebetszeit beginnen.

Dies zeigt Respekt für den Terminplan der anderen. Sich hinziehende Besprechungen können äußerst ermüdend sein. Wenn Menschen erschöpft sind und nach Hause wollen, neigen sie dazu, übereilte Entscheidungen zu fällen, nur um die Sitzung zu einem Ende zu bringen.

Einen Treffpunkt festlegen

Wo man sich trifft, beeinflusst auch den Verlauf des Treffens. Ich habe einmal an einer Ältestensitzung teilgenommen, die im feuchten und schlecht beleuchteten Keller des Gemeindehauses stattfand. Mehrere Stunden saßen wir auf harten Bänken ohne Rückenlehnen. Es war eine deprimierende und ungemütliche Atmosphäre. Ich hatte den Wunsch, so schnell wie möglich aus dieser Besprechung herauszukommen und nie wieder dorthin zu gehen.

Ausreichende Beleuchtung, bequeme Stühle, genügend Ablageplatz auf dem Tisch, gute Belüftung, angenehme Raumtemperatur und eine angemessene Privatsphäre sind hilfreiche Faktoren für eine gute und fruchtbringende Besprechung. Getränke und ein leichter Imbiss sind eine willkommene Ergänzung, denn Erfrischungen helfen dabei, wach und konzentriert zu bleiben.

Wenn man sich im Haus oder der Wohnung eines Ältesten trifft, sollte sichergestellt werden, dass niemand die Diskussion mithören kann. Auch sollte man nicht in direkter Reichweite eines Telefons sitzen, damit die Besprechung nicht durch Telefonklingeln gestört wird.

Aus Respekt vor den Mitältesten sollten Handys während der Sitzungen ausgeschaltet bleiben, außer man muss zwingend erreichbar sein. Inzwischen bitten sogar einige Restaurants darum, das Benutzen von Handys zu unterlassen, weil sie ihre Gäste vor dem störenden Klingeln schützen wollen.[7]

Dies ist sicherlich auch bei Gemeindesitzungen angebracht.

Handys sollten während der Sitzungen ausgeschaltet bleiben, außer man muss zwingend erreichbar sein.

Wir sollten auch vermeiden, uns aus Sitzungen herausrufen zu lassen, wenn es sich nicht um einen absoluten Notfall handelt. Familie und Bekannte können darüber informiert werden, dass wir ungestörte Zeit mit unseren Mitältesten benötigen und sie uns nach der Sitzung anrufen können.

Aufstellen einer Agenda

(Auflistung der Besprechungspunkte)

Eine der Hauptursachen für Frustration über die Ältestensitzungen ist die Tatsache, dass niemand die Verantwortung für ihre konkrete Planung übernimmt. Viele Älteste würden der Aussage, dass während ihrer Zusammenkünfte oft wertvolle Zeit verschwendet wird, ohne weiteres zustimmen. Doch dies muss nicht so sein. Wenn sie mit Gebet und Vorausschau vorbereitet werden, können unsere Besprechungen sowohl produktiv als auch erfüllend sein.

Ein wichtiges Element einer effektiven Sitzung ist eine vorab erstellte Agenda.

Jemand muss die nötige Zeit und Anstrengung aufbringen, um die Agenda für die Gruppe vorzubereiten.

»Eine Agenda ist für den Erfolg einer Besprechung von größter Wichtigkeit. Sie rückt den Zweck der Zusammenkunft in den Blickpunkt und bestimmt die Vorgehensweise für die anstehende Aufgabe. Sie ist auch die beste Kontrolle für den Fortschritt der Besprechung.«[8] Die Erfahrung zeigt, dass eine vorbereitete Agenda, die mit anderen durchgesprochen, sorgfältig durchdacht, nach Prioritäten geordnet und von unnötigen Dingen gesäubert worden ist, eine produktivere Besprechung zur Folge hat. Dieser Punkt kann nicht stark genug betont werden. Jemand (oder mehrerc) muss die nötige Zeit und Anstrengung aufbringen, um die Agenda für die Gruppe vorzubereiten.

Manche Älteste befürchten, dass eine vorab erstellte Agenda der Leitung des Heiligen Geistes entgegensteht. Doch nichts stimmt weniger als das. Eine geplante Agenda steht dem Werk des Heiligen Geistes genauso wenig entgegen wie eine sorgfältig vorbereitete Predigt. Der Geist Gottes wirkt vielmehr sowohl durch sorgfältige Planung der Agenda als auch ihrer Umsetzung. Eine Agenda ist nichts weiter als ein Hilfsmittel, das die Ältesten dabei unterstützt, die anstehenden Aufgaben in der begrenzten gemeinsamen Zeit zu erledigen. Sie sorgt für Ordnung, Überblick und Ausrichtung. Sie hilft den Ältesten, ihre Zeit einzuteilen und triviale Angelegenheiten, die kurz abgehandelt werden können, von wichtigen Tagespunkten zu trennen, die Stunden konzentrierter Besprechung bedürfen. Eine Agenda bewahrt die Gruppe davor, sich in Nebensächlichkeiten zu verrennen und richtet den Blick auf den anstehenden Diskussionspunkt aus. Sie begrenzt potenzielle Marathonsitzungen und selektiert Themen, die an die Diakone, andere Ausschüsse oder einzelne Personen der Gemeinde delegiert werden können.

Eine Agenda sollte den Prioritäten der Ältesten dienen, ganz gleich, ob sie einfach gehalten oder komplex strukturiert ist. Das Auswerten und Verbessern der Agenda im Hinblick auf fruchtbringende Besprechungen ist ein beständiger Prozess. Wir sollten die folgenden Richtlinien und Vorschläge zur Erstellung einer hilfreichen Agenda überdenken (siehe Beispiel Agenda im Anhang C).

> Eine vorbereitete Agenda, die mit anderen durchgesprochen, sorgfältig durchdacht, nach Prioritäten geordnet und von unnötigen Dingen gesäubert worden ist, hat eine produktivere Besprechung zur Folge.

Die Agenda sollte allen Ältesten zugänglich sein. Jeder Älteste sollte die Freiheit haben, Tagespunkte auf die

Agenda setzen zu lassen, indem er die vorbereitende Person per Telefon, E-Mail oder Fax rechtzeitig kontaktiert.

Rechtzeitige Bekanntmachung. Wenn möglich, sollte ein Entwurf der Agenda allen Teilnehmern einige Tage vor den Treffen zukommen.

Agenda nicht überladen. Es sollte nur das eingeplant werden, was realistisch gesehen in der zur Verfügung stehenden Zeit bewältigt werden kann. Man sollte nicht versuchen, Gesprächsstoff, der für 4 Stunden ausreicht, in eine 2-stündige Sitzung zu stopfen. Schwierige oder umfangreiche Diskussionspunkte sollten nicht auf die letzten Minuten der Besprechung gesetzt werden.

Sondersitzungen und spezielle Arbeitsgruppen. Wenn eine Agenda durch Punkte blockiert wird, die stundenlange Diskussionen in Anspruch nehmen, kann es gelegentlich hilfreich sein, eine Sondersitzung einzuberufen und eine Arbeitsgruppe zu bestimmen, die sich diesen speziellen Aufgaben widmet. Wenn die Ältestenschaft während ihrer regulären Treffen nicht die gesamte anstehende Arbeit bewältigen kann, können Arbeitsgruppen bestimmte Aufgaben außerhalb der Treffen übernehmen. Eine Arbeitsgruppe kann Richtlinien erstellen, neue Arbeitsbereiche der Gemeinde ausbauen, Lösungen erarbeiten oder Bibelstudien zu einer bestimmten Lehrfrage vorbereiten, welche die gesamte Ältestenschaft dann zu einem späteren Zeitpunkt bespricht.

Wenn zum Beispiel die Ältesten die Zielsetzungen

der Gemeinde überarbeiten wollen, werden diese zunächst ihre Vorschläge und Ideen äußern. Eine aus einigen Ältesten bestehende Arbeitsgruppe kann dann die in der gesamten Gruppe gesammelten Ideen aufgreifen und einen Entwurf für die Zielsetzung erarbeiten. Dieser Entwurf wird dann der gesamten Ältestenschaft zur Korrektur, Verfeinerung und letztlich zur Verabschiedung vorgelegt.

Strukturierte und unstrukturierte Diskussionspunkte erkennen. Als Leitfaden für wichtige und schwierige Diskussionen, wie z. B. zu Lehrfragen kann eine besondere Agenda erstellt werden. Eine gute Agenda und ordentliche Gesprächsführung können schwierigen Diskussionen zu mehr Fluss verhelfen. Doch von Zeit zu Zeit ist eine freie und strukturierte Besprechung nötig. Eine gute Agenda (und ein guter Moderator) unterscheidet zwischen strukturierten Diskussionen und freifließenden Unterhaltungen und gesteht beiden ihren entsprechenden Platz zu.

Agenda für Gastteilnehmer. Manchmal ist es nötig, dass andere verantwortliche Mitarbeiter der Gemeinde zu den Ältestentreffen eingeladen werden (siehe Seite 78-82). Wenn sich diese Personen mit den Ältesten beraten, ist es oft hilfreich, eine besondere Agenda für diese Besprechung vorzubereiten. Ansonsten reden die Teilnehmer unter Umständen viel und erreichen wenig. Es gibt natürlich auch Anlässe, wo der Zweck einer solchen Zusammenkunft der offene Austausch ist.

Zukünftige Diskussionsthemen planen. Mehrmals im Jahr sollten die Ältesten besprechen, welche Hauptthemen auf zukünftige Agenden gesetzt werden. Diese Themen beinhalten wichtige Gemeindefragen und die einzelnen Dienste der Gemeinde, die regelmäßig besprochen werden sollten (Gebetstreffen, Bibelstunden, Evangelisation vor Ort, weltweite Mission, Ziele der Gemeinde und die Förderung potenzieller neuer Leiter). Solche Angelegenheiten werden ansonsten trotz ihrer Wichtigkeit aufgrund des ständigen Tagesgeschäfts übersehen.

Indem zukünftige Diskussionspunkte mit eingeplant werden, bestimmen die Ältesten bewusst den Inhalt ihrer Agenda und stellen damit sicher, dass Themen, die für das geistliche Wohl der Gemeinde wichtig sind, nicht ignoriert werden. Damit agiert die Gemeindeleitung, anstatt nur zu reagieren. Traurigerweise hinkt so manche Leiterschaft jedoch oft allem zwei oder drei Schritte hinterher. Dies spiegelt eine Instandsetzungsmentalität statt einer planenden Führungsmentalität wider. Wenn die Ältesten zukünftige Diskussionspunkte auf die Agenda setzen, hilft ihnen das, einen besseren Blick für das Ganze und die langfristigen Bedürfnisse zu bekommen. Es hilft ihnen auch, aus der Rolle des »Reparaturteams« herauszukommen und einen Blick für führenden Hirtendienst zu haben.

Abschließende Resümees. Besprechungen können schnell zum Ersatz für das praktische Handeln werden. Deshalb ist es wichtig, dass eine Agenda Raum für zusammenfassende Resümees und konkrete Arbeitsanweisungen lässt. Das Buch der Sprüche erinnert uns: *»Bei jeder Mühe ist Gewinn, aber bloßes Gerede führt nur zum Mangel«* (Spr 14,23).[9] Eine Besprechung sollte nicht ausstottern, wie ein Auto, dem auf einer belebten Autobahn der Sprit ausgeht. Am Ende der Sitzung sollte noch einmal zusammengefasst werden, was beschlossen und erreicht wurde. Es ist gut, wenn alle verteilten Aufgaben und die zuständigen Personen noch einmal genannt werden. »Die meisten Entscheidungen stellen keinen Schlusspunkt dar, sondern sind vielmehr Bestandteil eines Prozesses zum Erreichen eines Ziels. Beschlüsse fordern Taten. Als Folge einer Entscheidung sollte jemand handeln.« [10]

Einen Beschluss zu fassen und ihn umzusetzen sind zwei verschiedene Dinge. So hatten zum Beispiel die Gläubigen in Korinth den Entschluss gefasst, ihre armen Geschwister in Jerusalem finanziell zu unterstützen. Doch obwohl sie zum Geben bereit waren, geschah nichts. Paulus musste sie erinnern: *»Nun aber vollendet auch das Tun, damit, wie die Bereitwilligkeit des Wollens, so auch das Vollbringen da ist, nach dem, was ihr habt«* (2Kor 8,11).

Indem zukünftige Diskussionspunkte mit eingeplant werden, bestimmen die Ältesten bewusst den Inhalt ihrer Agenda und stellen damit sicher,

dass Themen, die für das geistliche Wohl der Gemeinde wichtig sind, nicht ignoriert werden. Damit agiert die Gemeindeleitung, anstatt nur zu reagieren.

Auch heute noch haben Christen oft Schwierigkeiten, ihre Entscheidungen in die Tat umzusetzen, und die Folgen können schmerzhaft sein. So entschlossen sich zum Beispiel die Ältesten einer Gemeinde, den Sonntagsschulleiter seiner Aufgabe zu entheben, weil er sehr unregelmäßig zur Gemeinde kam und andere ständig kritisierte. Doch die Ältesten vergaßen, jemanden zu beauftragen, den Sonntagsschulleiter über ihre Entscheidung zu informieren. Dieser erfuhr durch die Gebetsstunde von seiner Enthebung und war durch den uneinfühlsamen Umgang der Ältesten mit dieser Situation tief verletzt und wütend.

Am Ende der Sitzung sollte noch einmal zusammengefasst werden, was beschlossen und erreicht wurde. Es ist gut, wenn alle verteilten Aufgaben und die zuständigen Personen noch einmal genannt werden.

Solche Unterlassungen müssen natürlich vermieden werden. Nachdem eine Entscheidung getroffen wurde, sollte die entsprechende praktische Vorgehensweise festgelegt werden. Die folgenden drei Schlüsselfragen sollten nie unbeantwortet bleiben:

- Was genau muss getan werden?
- Wer ist für die Umsetzung des Beschlusses zuständig?
- Wann soll die praktische Umsetzung erfolgen?

Die Bedeutung eines Moderators

Jemand, der ein Gespräch lenkt oder moderiert, ist für fruchtbringende Zusammenkünfte unverzichtbar. Das Verb »moderieren« bedeutet so viel wie »mäßigen«. Die Moderation soll also ein Gespräch in geregelten Bahnen halten. Ein Gesprächsführer stellt außerdem einen Ansprechpartner für die Gruppe dar und kann Besuche von Gastteilnehmern einplanen. Der Moderator soll das Miteinander verbessern und den Austausch in der Gruppe vereinfachen. Deshalb muss er »fest entschlossen sein, den Bedürfnissen der Gruppe dienen zu wollen.«[11] Ein guter Moderator sollte folgende Dinge beachten:

Vorausdenken. Der Gesprächleiter führt die Gruppe durch eine vorbereitete Agenda hindurch. Dazu muss er vorausdenken können, nicht so sehr, was den Inhalt, sondern was den Prozess angeht. Was für eine Art von Besprechung steht an? Geht es um das Lösen von Problemen, sollen Entscheidungen gefällt oder nur Ideen gesammelt werden, oder ist es eine Mischung aus allen genannten Faktoren? Welche Informationen sollten verfügbar gemacht werden und wer sollte zugegen sein, damit die Besprechung flüssig abläuft? Wird die Sitzung schwierig oder kontrovers sein? Kann der Moderator dazu beitragen, die Anspannung unter den Teilnehmern zu minimieren? Sollte sich der Gesprächsleiter entschlossen und anweisend verhalten, oder kann er die Besprechung lockerer angehen?

Diskussionsführung. Ein guter Moderator begleitet und lenkt den Entscheidungsprozess unparteiisch, indem er dafür sorgt, dass sich jeder Teilnehmer ungezwungen äußern kann und fair behandelt wird. Er fördert die aktive Teilnahme der Gruppe und schützt sie vor einseitiger Dominanz. Er weiß, wie er mit »Schwaflern« umgehen muss, die – so bemerken Roger Mosvick und Robert Nelson in ihrem Buch zum Thema Gesprächsführung – »mehr als nötig reden, sich unnötig wiederholen und sich zu Wort melden, obwohl sie nichts Wesentliches zur Diskussion beitragen können.«[12]

Ein weiteres Problem für jeden Gesprächsleiter ist der Umgang mit Teilnehmern, welche die Diskussion mit nebensächlichen Fragen ständig vom Thema abbringen.

Er fördert die aktive Teilnahme der Gruppe und schützt sie vor einseitiger Dominanz.

Hier ist es hilfreich, eine Liste mit zukünftigen Gesprächsthemen am Ende der Agenda aufgelistet zu haben. Wenn jemand etwas einbringt, was nicht zum gegenwärtigen Thema gehört, kann der Moderator vorschlagen, es auf die Liste zu setzen, um die Diskussion weiter mit dem anstehenden Thema zu führen. Teilnehmer, die Besprechungen mit Geschichten stören, die nicht von allgemeinem Interesse sind, sollten freundlich, aber entschlossen behandelt werden. Es unterliegt der Verantwortung des Gesprächsführers, die Gruppe vor ausgedehnten Unterbrechungen zu schützen, damit Themen, die in 5 Minuten abgehandelt werden können, nicht 45 Minuten in Anspruch nehmen.

Ausgewogenheit der Gesprächsführung. Umgekehrt sollte der Moderator das Gespräch nicht übermäßig kontrollieren oder den Diskussionsprozess bis ins kleinste Detail steuern. Das schränkt den Austausch und die Kreativität der Gruppe ein. Eine zu starre Gesprächsführung zerstört die Spontaneität und das Zusammenspiel der einzelnen Teilnehmer. Ein guter Moderator erkennt die Notwendigkeit für Kontrolle, aber auch für Flexibilität.

Fortfahren und klar zusammenfassen. Der Moderator gibt der Gruppe behutsame Anstöße, um zu einer Entscheidungsfindung oder Klarstellung zu kommen. Offengelassene Diskussionspunkte und Entscheidungen sind oft entmutigend. Die Gruppe greift ein neues Thema auf, ohne das erste Thema zu einem angemessenen Abschluss gebracht zu haben. Entscheidungen werden vage bzw. schlecht formuliert. Die Leute gehen nach Hause und sind sich nicht im Klaren darüber, was nun wirklich beschlossen wurde.

Um solche Entmutigungen zu vermeiden, sollte der Gesprächsführer alles noch einmal deutlich zusammenfassen, damit jeder den Beschluss versteht und weiß, was und von wem getan werden soll. Jeder Teilnehmer sollte die Freiheit haben, einwenden zu können: »Mir ist nicht ganz klar, was wir nun wirklich entschieden haben«, oder: »Augenblick, wir können noch nicht zum nächsten Thema übergehen, da ich mit der jetzigen Zusammenfassung unserer Entscheidung nicht einverstanden bin.«

Offengelassene Diskussionspunkte und Entscheidungen sind oft entmutigend. Die Gruppe greift ein neues Thema auf, ohne das erste Thema zu einem angemessenen Abschluss gebracht zu haben. Entscheidungen werden vage bzw. schlecht formuliert. Die Leute gehen nach Hause und sind sich nicht im Klaren darüber, was nun wirklich beschlossen wurde.

Am Ball bleiben. Der Gesprächsführer (oder jemand, der von ihm beauftragt wurde) sollte sicherstellen, dass die Beschlüsse auch umgesetzt werden. Er achtet darauf, dass die Dinge getan werden und erinnert seine Mitältesten an die ihnen übergebenen Aufgaben.

Effektivität überprüfen. Ein guter Moderator versucht regelmäßig, die Effektivität der Besprechungen auszuwerten, und sucht stets nach Verbesserungsmöglichkeiten. Jedes Gespräch ist ein Lernprozess, der eine Verbesserung der zukünftigen Gespräche zur Folge haben sollte.

Ein Gesprächsleiter übernimmt die Verantwortung für den Verlauf einer Sitzung, sollte aber keineswegs der alleinige Redner sein. Vielmehr ist es so, dass er sich neutral verhalten sollte, damit er die Diskussion der Gruppe fair und objektiv lenken kann. Wenn er seine eigene Meinung einbringen möchte, sollte er die Gesprächsleitung einem anderen Ältesten übergeben. Bei einer kleinen Ältestenschaft mag dies unpraktikabel sein, aber in einer größeren Gruppe kann es durchaus sein, dass einer die Leitung der Diskussion bewusst einem anderen übergibt, um sich auf den Inhalt des Gespräches statt auf den Fluss konzentrieren zu können.

Es sollte angemerkt werden, dass ein Gesprächsführer die anderen Teilnehmer nicht ihrer Leitungsverantwortung oder ihrer aktiven Teilnahme enthebt. Jeder Älteste sollte zu bestimmten Gelegenheiten und auf verschiedene Weise die Führung übernehmen. Auch wird die Ältestenschaft einer großen Gemeinde anders vorgehen als die zweiköpfige Leiterschaft einer Hausgemeinde. Die folgenden praktischen Vorschläge können, wenn sie der jeweiligen Situation angepasst werden, die Gesprächsleitung der Gruppe enorm verbessern.

Teamarbeit. Während einer Besprechung können verschiedene Brüder die Gesprächsführung nacheinander übernehmen. So kann zum Beispiel ein Ältester die Leitung der Gebetszeit übernehmen, ein weiterer die Hauptdiskussion (der schwierigste Teil) und wieder ein anderer fasst das Erreichte, die Beschlüsse und die zugeteilten Aufgaben zusammen. Diese Vorgehensweise eignet sich insbesondere für ausgedehnte und intensive Ältestentreffen.

Zusammenkünfte werden gestärkt, wenn mehrere Teilnehmer in die Gestaltung einbezogen werden, weil dadurch mehrere Menschen Verantwortung für den Erfolg des Treffens übernehmen.

Es ist dabei wichtig, dass jeder die Moderation des Teiles der Sitzung übernimmt, der ihm am meisten liegt. Wenn der Leiter der Hauptdiskussion die Teilnehmer nicht beim Thema halten kann, nicht auf die Zeit achtet, sich davor scheut, schwierige Teilnehmer zu korrigieren, komplexen Diskussionen nicht folgen kann, nicht weiß, wie er mit Details umgehen soll, die Teilnehmer nicht zu einer Entscheidungsfindung anstoßen kann, dann wird das die anderen Ältesten entmutigen. Wenn sich jemand nicht in der Lage fühlt, eine lange und komplexe Diskussion zu moderieren, dann sollte er sich auch nicht unter Druck setzen, um dies tun zu müssen. Er kann stattdessen die Leitung eines anderen Teils der Sitzung übernehmen.

Neben dem Moderator haben auch noch andere Älteste Anteil am Ablauf der Besprechungen. Die Gruppe braucht einen Schriftführer, der die Protokolle anfertigt, weil der Moderator sich nicht gleichzeitig auf die

Abfassung des Protokolls und die Gesprächsleitung konzentrieren kann. Einige Gruppen haben auch jemanden, der darauf achtet, dass die Zeit eingehalten wird. Zusammenkünfte werden nur gestärkt, wenn mehrere Teilnehmer in die Gestaltung einbezogen werden, weil dadurch mehrere Menschen Verantwortung für den Erfolg des Treffens übernehmen.

Rotationsprinzip. Man kann versuchen, die Moderation unter verschiedenen Ältesten rotieren zu lassen. Wenn Menschen die Kunst der Gesprächsführung erlernen, aber auch oft die damit zusammenhängende Entmutigung erfahren, werden sie selbst bessere Teilnehmer werden. Jemand, der einmal eine Besprechung geleitet hat, weiß, wie wichtig eine gute Beteiligung der Gruppe ist und wird sich selbst mehr einsetzen. Außerdem kann so leicht jemand einspringen, wenn ein Moderator verhindert ist. Wenn sich jedoch jemand als überragender Gesprächsführer erwiesen hat, kann sich die Gruppe durchaus entschließen, ihm diese Aufgabe permanent zu übertragen.

Protokolle und Berichte erstellen

Da die Beschlüsse der Ältesten die gesamte Gemeinde repräsentieren und beeinflussen, müssen sie schriftlich dokumentiert werden. Einige Regierungsbehörden legen Gemeinden die Pflicht auf, schriftliche Berichte aufzustellen, um als steuerbegünstigt gelten zu dürfen. Fälle der Gemeindezucht müssen insbesondere schriftlich dokumentiert werden, um die Gemeinde vor gerichtlichen Klagen zu schützen.

Protokolle sollten das Datum des Treffens, Namen der anwesenden Personen, Hauptdiskussionspunkte, Beschlüsse und sich daraus ergebende Aktivitäten unter Nennung der damit beauftragten Personen beinhalten. Protokolle brauchen nicht ausgedehnt zu sein, außer in Fällen der Gemeindezucht, lehrmäßiger Umorientierung oder einer Veränderung der Gemeindegrundsätze.

Diese Protokolle sollten allen Ältesten innerhalb der nächsten Tage nach dem Treffen zukommen. Einige Gruppen verschicken ihre Protokolle per E-Mail zur Korrektur und Bestätigung, damit Veränderungen noch vor dem nächsten Treffen gemacht werden können. Dies gibt jedem Teilnehmer die Möglichkeit, die Protokolle im Vorfeld noch einmal sorgsam durchzulesen, wodurch beim nächsten Treffen weniger Unklarheiten und Unterbrechungen aufkommen.

Die Verlesung des letzten Protokolls zu Beginn einer neuen Sitzung schafft einen formalen Weg, die Durchführung der darin zugeteilten Aufgaben zu überprüfen. Dadurch wird jeder Älteste in die Verantwortung gestellt. Wenn die Protokolle lang und detailliert sind, reicht es aus, wenn nur wichtige Kernpunkte, Zusammenfassungen und Aufgabenzuteilungen vorgelesen und bestätigt werden.

Zusätzlich zu den Protokollen, sollen schriftliche Berichte zu grundlegenden Entscheidungen des Ältestenrates angefertigt werden. Mit der Zeit geraten die Einzelheiten dieser Beschlüsse nämlich sehr schnell in Vergessenheit.

Zu grundlegenden Entscheidungen des Ältestenrates sollen Schriftliche Berichte angefertigt werden.

Das Festlegen von Richtlinien ist ein wichtiger Bestandteil einer guten Leitung. Aber es ist auch harte und zeitaufwendige Arbeit. Die Erstellung von Berichten ist für die Ältestenschaft ein wichtiger und praktischer Weg, um ihre Entscheidungen zu kommunizieren. Richtlinien sind für eine Reihe von Dingen notwendig, wie etwa die Benutzung des Gebäudes, Hochzeiten, Musik in der Gemeinde, Verwaltung von Finanzen, Mission usw. Aber solche Richtlinien sind wertlos, wenn sie gar nicht dokumentiert oder nicht auf dem neuesten Stand sind. Niederschriften dieser Beschlüsse (und aller grundlegenden Anordnungen der Ältesten) sollte man nicht nur irgendwo zwischen jahrelang geführten Protokollen verstecken, sondern sie als detaillierte Aufzeichnungen in einem besonderen Ordner führen. Dieser Ordner sollte bei jeder Sitzung vorliegen, so dass Älteste direkten Zugriff auf alle Richtlinien und grundlegenden Beschlüsse haben. Alle diese offiziellen Berichte sollten mit Datum und den an der Entscheidung beteiligten Personen versehen sein.

Auch müssen neue Älteste sofort einen Überblick über die Richtlinien, grundlegenden Beschlüsse, Überzeugungen und die Arbeitsweise der Ältestenschaft bekommen, um vernünftig mitarbeiten zu können. Wenn keine Berichte zur Verfügung stehen, ist das nicht möglich.

Neue Älteste müssen sofort einen Überblick über die Richtlinien, grundlegenden Beschlüsse, Überzeugungen und die Arbeitsweise der Ältestenschaft bekommen, um vernünftig mitarbeiten zu können. Wenn keine Berichte zur Verfügung stehen, ist das nicht möglich.

Für einen neuen Ältesten ist es auch hilfreich, wenn er über geschichtliche Anfänge der Ältestenschaft, einschneidende Veränderungen, zentrale Beschlüsse, lehrmäßige Umorientierung und prägende Persönlichkeiten informiert ist. Eine kurze schriftliche Abfassung über die Entwicklung der Ältestenschaft gibt dem Neuling ein augenblickliches Gefühl von Beständigkeit, das sich sonst vielleicht erst im Laufe von Jahren entwickelt.

Delegieren

Älteste sollten daran denken, dass sie nicht die Einzigen sind, die der Gemeinde dienen. Sie können und dürfen nicht für alles zuständig sein, obwohl dies in vielen Gemeinden leider so ist. In einem Fall verbrachten die Ältesten mehr als eine Stunde mit der Entscheidung, welche Teppichreinigungsfirma sie beauftragen sollten. 30 Sekunden hätten ausgereicht, um die Aufgabe an andere zu delegieren. Noch besser wäre es, einen Arbeitskreis zu schaffen, der für die Reinigung und Instandhaltung des Gebäudes zuständig ist, damit die Ältesten sich auf die geistliche Führung der Gemeinde konzentrieren können.

Das Volk Gottes stellt eine königliche Priesterschaft und einen Leib dar, in dem der Geist Gottes wohnt.

Jedes Glied an diesem Leib steht in der Verantwortung, den anderen zu dienen. Deshalb sollte der Dienst der Ortsgemeinde von allen Gliedern getragen werden. Wenn die Ältesten die Geschwister in der rechten Weise belehren, anleiten, ermutigen und bekräftigen, dann sollten viele Gemeindeglieder Anteil am Dienst untereinander und den Ungläubigen gegenüber haben. Denken wir einmal über die folgenden Verse nach, in denen Gaben und der Dienst des Leibes Christi beschrieben werden:

»Denn wie wir in einem (körperlichen) *Leib viele Glieder haben, aber die Glieder nicht alle dieselbe Tätigkeit haben, so sind wir, die vielen, ein Leib in Christus, einzeln aber Glieder voneinander. Da wir aber verschiedene Gnadengaben haben nach der uns verliehenen Gnade, so lasst sie uns gebrauchen.«* (Röm 12,4-6a)

»Es gibt aber Verschiedenheiten von Gnadengaben, aber es ist derselbe Geist; und es gibt Verschiedenheiten von Diensten, und es ist derselbe Herr; ... Jedem aber wird die Offenbarung des Geistes zum Nutzen gegeben ... Denn auch der Leib ist nicht ein Glied, sondern viele ... Nun aber hat Gott die Glieder bestimmt, jedes einzelne von ihnen am Leib, wie er wollte.« (1Kor 12,4- 5.7.14.18)

»Jedem einzelnen von uns aber ist die Gnade nach dem Maß der Gabe Christi gegeben worden.« (Eph 4,7)

»Wie jeder eine Gnadengabe empfangen hat, so dient damit einander als gute Verwalter der verschiedenartigen Gnade Gottes!« (1Petr 4,10)

Die Ältesten spornen an, rüsten zu, schützen, mobilisieren, bestätigen und leiten, aber das gesamte Volk Gottes ist aufgerufen zu dienen (Eph 4,11-12). Deshalb sollten Älteste nicht jede Aufgabe übernehmen noch sollten sie zulassen, dass andere davon ausgehen. Vielmehr sollten sie alle Möglichkeiten nutzen, die Arbeit auf die gesamte Gemeinde zu verteilen. Die Botschaft, die Älteste an die Geschwister weitergeben sollten, ist die gleiche, wie sie Paulus den Korinthern schrieb:

»Daher, meine geliebten Brüder, seid fest, unerschütterlich, allezeit überströmend in dem Herrn, da ihr wisst, dass eure Mühe im Herrn nicht vergeblich ist.« (1Kor 15,58)

Als Leitungsorgan schaffen die Ältesten Strukturen, in denen möglichst viele Geschwister auf organisierte, bestätigte und geordnete Weise Gott gemeinsam dienen können. Die Ältesten sollten so viel wie möglich an andere delegieren. Deshalb sollten auch keine Punkte auf die Agenda gesetzt werden, die ohne weiteres delegiert werden könnten. Um gut zu delegieren, können wir einige wichtige Prinzipien aus Apostelgeschichte 6,1-6 ableiten:

- Erkennen, was getan werden muss.
- Die richtigen Leute auswählen.

- Den Beauftragten sagen, was von ihnen erwartet wird.
- Den Mitarbeitern die rechte Autorität, Verantwortung und Freiheit zugestehen, damit sie Freude am Dienst haben.
- Die Mitarbeiter wissen lassen, dass wir sie schätzen und ihnen unterstützend zur Seite stehen.

Selbstüberprüfung

Wie jede Art der Leiterschaft, kann auch der Ältestendienst in der Gemeinde immer verbessert werden. Niemand weiß oder kann alles. Wir gehen alle in die Schule Christi und haben das Ziel noch nicht erreicht. Es gibt noch viel zu lernen, aber auch viel abzulegen.

> Es ist wichtig, dass eine Atmosphäre geschaffen wird, in der Selbstüberprüfung willkommen geheißen und erwartet wird.

Gute Besprechungen können besser werden und ein guter Leiter kann immer noch dazu lernen.

Um unsere Sitzungen und den Hirtendienst zu verbessern, ist es wichtig, dass eine Atmosphäre geschaffen wird, in der Selbstüberprüfung willkommen geheißen und erwartet wird. Sie sollte ein normaler Bestandteil des Dienstes sein. Selbstzufriedenheit ist ein Trug, der Verbesserungen, Wachstum und einen natürlichen Lernprozess blockiert. Sie widerspricht auch der Schrift: *»Der Weise höre und mehre die Kenntnis ...«* (Spr 1,5a).

Selbstüberprüfung ist für eine sich selbst organisierende Gruppe wie die Ältestenschaft unbedingt notwendig. Es ist sehr leicht, in eine Routine zu verfallen, wenig zu tun, obwohl es viel zu tun gibt, sich mit bereits Gelerntem zufrieden zu geben und sich nicht mehr nach Wachstum auszustrecken. Deshalb sollten die Ältesten in regelmäßigen Abständen die Effektivität und Struktur ihrer Zusammenkünfte auswerten und überdenken. Sie sollten gewillt sein, aus ihren Fehlern zu lernen und jedes Treffen zur Herrlichkeit Gottes einzusetzen. Wie die Schrift sagt: *»Bedenke dies sorgfältig; lebe darin, damit deine Fortschritte allen offenbar seien!«* (1Tim 4,15). Es gibt weniges, was eine Gemeinde mehr fesselt, als ihre eigenen Leiter geistlich wachsen und dann mit frischen Ideen und der entsprechenden Sicht voranschreiten zu sehen.

Auch ist es eine gute Übung für die Ältesten, größere Gemeindeaktivitäten, Taufen, Bibelbetrachtungen und evangelistische Aktionen auszuwerten, solange die Eindrücke noch frisch sind. Sie sollten aufschreiben, was ihnen aufgefallen ist und entsprechende Vorschläge machen, so dass die Aktivitäten und Dienste der Gemeinde stets verbessert werden. Diese Auswertungen sollten archiviert werden, so dass man auf sie zurückgreifen kann, wenn das gleiche Ereignis erneut geplant werden muss.

> **Eine gewisse Selbstüberprüfung ist für eine sich selbst organisierende Gruppe wie die Ältestenschaft unbedingt notwendig.**

Ich kann mir kein besseres Schlusswort vorstellen, als die Ermahnung des Apostels Paulus an die ersten Christen in Rom. Wie sie, müssen auch wir ständig ermutigt werden, hingebungsvoll für unseren Herrn zu wirken. Deshalb sollten uns die von Gott eingegebenen Worte aus Römer 12,11 inspirieren, die Initiative zu ergreifen und unsere Gemeinde vor einem lauwarmen und halbherzigen Christentum zu bewahren.

Im Fleiß nicht säumig: »Paulus sagt den Gläubigen, dass sie dort, wo Fleiß gefragt ist, nicht gleichgültig sein sollten.« [13]

Brennend im Geist: »Es ist wichtig, dass unser menschlicher Geist für die Sache des Herrn brennt. Aber dies geschieht nicht von alleine, sondern als eine Folge des innewohnenden Heiligen Geistes.«[14]

Dem Herrn dienend: »Das Verb deutet auf eine tiefgreifende Hingabe und Dienst hin, so wie bei einem Sklaven.« [15]

Wenn wir also unsere Treffen als Hirten der Gemeinde verbessern wollen, sollten wir dies mit beflissenem

Dienst für unseren Herrn tun, dem großen Oberhirten, Jesus Christus.

Lernverse: Sprüche 1,15; Römer 12,11

Teil 3

Fragen und Aufgaben

Vor der Beschäftigung mit den Fragen und Aufgaben sollte man das gesamte Buch gelesen haben. Einige der Punkte, die in diesem Abschnitt angesprochen werden, berühren empfindliche Themen. Deshalb sollten wir aufrichtig miteinander sein, aber auch verständnisvoll. Alte Gewohnheiten sind schwer zu durchbrechen, und die meisten Menschen mögen keine Veränderungen. Wir sollten also nach kreativen Alternativen suchen, um Meinungsverschiedenheiten über einige dieser Fragen beiseite zu legen. Tun wir dies mit Verstand und Gebet!

Die Fragen und Aufgaben sind in vier Abschnitte für die Gruppenarbeit aufgeteilt. Einige dieser Fragen nehmen u. U. sehr viel Zeit in Anspruch, um sie zu diskutieren und ihre Umsetzung zu planen. Wir sollten uns die notwendige Zeit nehmen, um alle Aufgaben und Fragen zu klären.

Abschnitt I

1. Liste auf, was das Neue Testament als Aufgaben der Gemeindeältesten beschreibt. Füge jeder Aussage die entsprechenden Bibelstellen bei (siehe Seite 12-15, 75-77).

2. Erkläre, was mit »Gleichheit und Vielfalt« innerhalb der Ältestenschaft gemeint ist (siehe Anhang A).

3. Schreibe die nach deiner Meinung drei wichtigsten Gründe für Ältestentreffen auf und diskutiere dies in deiner Gruppe.

4. Jede Person sollte drei Aspekte der gemeinsamen Treffen aufschreiben, die sie am frustrierendsten empfindet und die am meisten der Verbesserung bedürfen. Bewerte sie von eins bis drei in der Reihenfolge von der frustrierendsten bis zur weniger frustrierenden. Als Nächstes schreibe die beiden erfreulichsten Aspekte eurer Treffen auf. Bestimmt jemanden, die Antworten aufzuschreiben und auszuwerten. Zum Beispiel: »Vier von fünf haben Mangel an Gebet als das frustrierendste Erlebnis bei den Treffen aufgelistet.« Diese Aufgabe wird der Gruppe helfen, die Stärken und Schwächen eurer Treffen zu identifizieren. Bei der weiteren Bearbeitung der einzelnen Abschnitte werdet ihr Verbesserungen einplanen.

5. Oft wollen Menschen wissen, wo sie mit der Verbesserung ihrer Treffen beginnen sollen. Ein guter Startpunkt ist eine Gebetszeit, auch wenn es nur fünf oder zehn Minuten des Treffens sind. Macht von den Vorschlägen auf den Seiten 82-87 Gebrauch, um über verschiedene Wege zur Verbesserung des gemeinsamen Gebetes zu diskutieren. Entscheidet, welche Wege ihr versuchen wollt und diskutiert

dann, wie ihr diese Vorschläge oder eure eigenen Ideen umsetzen könnt.

Abschnitt 2

1. Besprecht, wie ihr die Atmosphäre des Raumes eurer Zusammenkunft verbessern könnt. Welche Veränderungen würdet ihr gerne sehen? Welche sind am wichtigsten?

2. Diskutiert die Vorschläge zum Thema Unterkunft, die ihr umsetzen könntet, um die Qualität eurer Treffen zu verbessern.

3. Erarbeitet Richtlinien und eine Liste mit hilfreichen Tipps für die Gastgeber. Benutzt zu Anfang die Materialien in diesem Buch. Sowohl die Richtlinien als auch die Liste mit den Tipps für Gastgeber können jederzeit verbessert und ergänzt werden.

4. Diskutiert die Wichtigkeit, pünktlich anzufangen und zu schließen.

5. Diskutiert die Anzahl der monatlichen Treffen.

Abschnitt 3

1. Lest und besprecht in eurer Gruppe die Agenda-Vorschläge auf Seite 98-105. Welche dieser Vorschläge sollten umgesetzt werden, um eure Besprechungen zu verbessern?

2. Herrscht in eurer Gruppe Verständnis für die Aussage, dass jemand Verantwortung für den Inhalt der Agenda übernehmen soll (siehe Seite 101ff.)? Besprecht diesen wichtigen Punkt und welche Verbesserungen eurer Meinung nach in dieser Hinsicht gemacht werden müssten.

3. Diskutiert, wie durch das Auslassen von trivialen oder unnötigen Angelegenheiten mehr Zeit für die wirklich wichtigen Tagespunkte gefunden werden kann. Besprecht auch, welche Aufgaben an andere in der Gemeinde delegiert werden können.

4. Listet Möglichkeiten auf, um bessere Berichte über wichtige Entscheidungen zu erstellen.

5. Wenn eure Gruppe die Effektivität der Sitzungen verbessern möchte, besprecht, wie die notwendigen Veränderungen und die in diesem Buch aufgezeigten Vorschläge umgesetzt werden können. Wer übernimmt die Verantwortung, die Gruppe in dieser Hinsicht anzuspornen?

Abschnitt 4

1. Was sind die größten Schwächen bezüglich eurer Kommunikation untereinander und mit der Gemeinde? Was kann getan werden, um beide Aspekte zu verbessern?

2. Wie versteht die Gruppe die folgenden Aussagen

(auf Seite 87ff.)? Verschiedene Teilnehmer sollten diese Aussagen erklären und die anderen bitten, ihre Bemerkungen anzufügen: Die Ältesten haben den fundamentalen Auftrag, die unumstößlichen Glaubensgrundsätze, die allgemeine Ausrichtung, die vorrangigen Aufgaben, die Wertevorstellungen, die geistliche Schau und das Auftragsverständnis der Gemeinde zu definieren, klarzustellen und, wenn nötig, zu korrigieren (Apg 15). Wenn Älteste auf dieser Ebene denken und planen, werden zukünftige Entscheidungen vereinfacht, weil sie auf der Grundlage der bereits zuvor festgelegten Überzeugungen, Prioritäten und Ausrichtung getroffen werden.

3. In welchen Bereichen der Definition oder Klarstellung von Überzeugungen, Zielen und der geistlichen Schau seht ihr als Rat der Ältesten bei euch Mängel?

4. Auf welche konkrete Weise lehrt und lebt ihr eure Überzeugungen, eure lehrmäßige Ausrichtung und insbesondere eure Ziele und Sicht für die Zukunft der Gemeinde?

5. Plant ein oder mehrere Treffen, um den gesamten Lehr- und Verkündigungsdienst eurer Gemeinde zu besprechen. Sammelt Gedanken über jeden einzelnen Aspekt und listet sowohl Stärken als auch Schwächen auf. Zum Beispiel:

   - Lernen die Kinder Bibelstellen auswendig?

- Gibt es wichtige Lehraussagen und Bibelabschnitte, die den Kindern und Jugendlichen nicht vermittelt werden?
- Gibt es eine Art Unterricht, um Neubekehrten und Gemeindeneulingen die Grundlagen des Glaubens zu vermitteln?
- Lehren wir wie Paulus den gesamten Ratschluss Gottes (Apg 20,27)?
- Was versuchen wir mit den Sonntagspredigten zu erreichen?
- Wissen wir, welche Glaubensüberzeugungen unsere Sonntagsschullehrer und Jugendmitarbeiter vertreten?
- Wer überprüft und bestätigt in unserer Gemeinde Mitarbeiter, die in irgendeiner Weise am Lehrdienst und der Verkündigung beteiligt sind?

Anhang A

Gleichheit und Vielfalt innerhalb der Ältestenschaft

In seiner Rede an die Ältesten der Gemeinde von Ephesus sagte Paulus: »... *der Heilige Geist hat euch* (alle von euch) *als Aufseher gesetzt, die Gemeinde Gottes zu hüten ...«* (Apg 20,28). Später schrieb er an die Gemeinde in Ephesus: *»Die Ältesten, die gut vorstehen, sollen doppelter Ehre gewürdigt werden, besonders die in Wort und Lehre arbeiten«* (1Tim 5,17). Anhand dieser beiden wichtigen und vollmächtigen Texte erkennen wir, dass es in der biblischen Ältestenschaft sowohl Gleichheit als auch Vielfalt gibt.

Auf Seiten der Gleichheit (welche auch als Gleichberechtigung innerhalb der Ältestenschaft bezeichnet werden kann) lehrt die Heilige Schrift, dass alle Ältesten:

- durch den Heiligen Geist als *»Aufseher«* in die Herde Gottes gesetzt worden sind, mit dem Ziel, die Gemeinde Gottes zu hüten (Apg 20,28);
- vom Heiligen Geist beauftragt wurden, die Herde Gottes zu hüten (Apg 20,28; 1Petr 5,1-2);
- sich die Autorität und Verantwortung für den Hirtendienst über die ganze Gemeinde gleichermaßen tei-

len: *»Habt acht ... auf die ganze Herde ...«* (Apg 20,28);

- gleichermaßen in der Verantwortung stehen, wachsam gegenüber der beständigen Gefahr von falschen Lehren zu sein und die Herde vor Irrlehrern zu schützen (Apg 15,6; 20,28-31; Tit 1,9-13);
- in der Lage sein sollten, die Heilige Schrift zu lehren und Irrlehrer zurechtzuweisen (1Tim 3,2; Tit 1,9);
- zuerst öffentlich auf ihre biblische Qualifikation hin überprüft werden sollen, bevor sie als Aufseher dienen (1Tim 3,10; 5,22-25);
- verantwortlich sind, die Kranken zu besuchen und für sie zu beten (Jak 5,14);
- sich die Bezeichnung *»Ältester«* und *»Aufseher«* teilen (Phil 1,1; 1Tim 5,17);
- gleichermaßen der gesamten Ältestenschaft gegenüber verantwortlich sind und ihrer gegenseitigen brüderlichen Fürsorge unterstehen (Apg 20,28a);
- wertgeschätzt, *»in Liebe«* geachtet, anerkannt, vor übler Nachrede geschützt werden sollen und dass man ihnen gehorsam ist (1Thes 5,12-13; 1Tim 5,17.19; Hebr 13,17).

Obwohl alle Ältesten das gleiche Amt und die gleiche Aufgabe teilen, gibt es doch zugleich eine reiche Vielfalt an Begabungen und Lebenserfahrungen innerhalb der Ältestenschaft. Es ist offensichtlich, dass nicht alle Ältesten in Bezug auf ihre Begabung, ihre Reife, ihren Einfluss, ihre zur Verfügung stehende Zeit, ihre Erfahrung, ihre Redegewandtheit, ihre Führungsqualitäten oder ihr Bibelwissen gleich sind. Schauen wir uns folgende Bibelstellen über die Vielfalt innerhalb der Ältestenschaft an:

- Nicht alle Ältesten arbeiten *»in Wort und Lehre«* (1Tim 5,17). Obwohl jeder Älteste lehrfähig sein sollte, in der Lage sein muss, Irrlehrer abzuweisen und geistlich wachsam gegenüber falschen Lehren zu sein, besitzen nicht alle gleichermaßen die Gabe der Lehre oder der Evangelisation. Daraus ergibt sich, dass einige Älteste (oder ein Ältester) hervorstechendere Rollen im öffentlichen Verkündigungsdienst an der ganzen Gemeinde haben.
- Nicht alle Ältesten stehen gut vor (im Sinne von »hervorragend«; 1Tim 5,17). Obwohl alle Ältesten führen und ihrem eigenen Haus gut vorstehen sollen, haben nicht alle die Gabe der Leitung oder besitzen die gleichen Führungsqualitäten (Röm 12,8). Folglich werden ein oder mehrere Älteste in der Leitung öfter die Initiative ergreifen und mehr Einfluss auf die Ältestenschaft besitzen.
- Nicht alle Ältesten erhalten für ihren Dienst einen finanziellen Ausgleich oder eine Vergütung in gleicher Höhe (1Tim 5,18; Gal 6,6).
- Nicht allen Ältesten wird von der Gemeinde oder ihren Mitältesten *»doppelte Ehre«* zuteil, aber es wird geboten, dass die Ältesten, die in Wort und Lehre arbeiten, für ihren Dienst entschädigt werden (1Tim 5,17-18). Daraus folgt, dass die Mitältesten und die Gemeinde diejenigen Ältesten, die für das

Evangelium arbeiten und die Heiligen im Wort Gottes zurüsten (Eph 4,11) anerkennen, hervorheben und unterstützen. Wir sehen also, dass die Schrift sowohl die Gleichheit als auch die Vielfalt innerhalb der Ältestenschaft aufzeigt.

Das Neue Testament veranschaulicht das Prinzip von Gleichheit und Vielfalt auf sehr schöne Weise durch die Apostel. Der Herr ernannte zwölf Apostel und nicht einen Apostel mit elf Beratern. Er hatte alle Zwölf ausgerüstet und sie zum Predigen und Heilen ausgesandt (Mt 10,1–11,1). Er rüstete niemals einen alleine aus, noch ernannte er einen der Jünger zum Oberhaupt der Gemeinde. Er widmete Seine Zeit und Energie der Ausbildung eines Teams von Männern, die schließlich gemeinsam sein Werk fortführen sollten.

Dennoch stachen Petrus, Jakobus und Johannes aus dieser Gruppe als besondere Führer hervor. Petrus tritt als Sprachrohr der Apostel besonders in den Vordergrund – der Erste unter Gleichen (Mt 10,2; Lk 22,32).[1] Doch trotz seiner Wichtigkeit wurde Petrus nur als *eine* der Säulen angesehen und nicht als *die* Säule (Gal 2,9).

1. Timotheus 5,17-18 ist der Hauptabschnitt, der die Vielfalt innerhalb der Ältestenschaft beschreibt. Paulus sagt Timotheus und der Gemeinde: *»Die Ältesten, die gut vorstehen, sollen doppelter Ehre gewürdigt werden, besonders die in Wort und Lehre arbeiten. Denn die Schrift sagt: ›Du sollst dem Ochsen, der da drischt, nicht das Maul verbinden‹, und: ›Der Arbeiter ist seines Lohnes wert.‹«*

Bestimmten Ältesten, nicht allen Ältesten, soll doppelte Ehre zuteil werden.

Die Ältesten, die *»gut«* führen, und besonders die, welche in der Lehre arbeiten, sollen der doppelten Ehre würdig erachtet werden. Paulus weist die, welche *»in Wort und Lehre arbeiten«*, als begabte *»Evangelisten«*, *»Hirten«* und *»Lehrer«* aus, die Christus der Gemeinde gegeben hat, damit sie *»die Heiligen für das Werk des Dienstes ausrüsten«* (Eph 4,11-12). Diese begabten Männer rüsten das Volk Gottes zum Dienst aus und schützen es vor lehrmäßiger Unreife und Irrlehren (Eph 4,14).

Solche Brüder sollen »doppelter Ehre gewürdigt werden«. Das im Imperativ stehende Verb, das mit *»gewürdigt werden«* übersetzt wird, bedeutet so viel wie »zurecht verdienen« oder »ein Anrecht auf etwas haben«. Paulus schlägt hier also nicht einfach nur etwas vor. Das Zuteil werden lassen der doppelten Ehre ist ein Gebot, eine Pflicht für jedes Glied der Gemeinde. Alle, die von der Führung und Belehrung solcher Ältesten profitiert haben, sollen nun auf praktische Weise die Initiative ergreifen. Der Punkt ist hier, dass bestimmten Ältesten, nicht allen Ältesten, doppelte Ehre zuteil werden soll. Dies soll unter den Ältesten keinen Neid bewirken, sondern die Ältestenschaft stärken und ihr bewusst machen, dass nicht alle von ihnen die gleiche Begabung besitzen und von Gott verschieden geführt werden.

Ganz unabhängig von der genauen Bedeutung des Begriffes »doppelte Ehre«, zeigt der Zusammenhang eindeutig auf, dass dies materielle oder finanzielle Anerkennung einschließt. 1. Timotheus 5,17-18 ist Teil eines längeren Abschnittes, in dem Ehrerbietung mehrfach angeordnet wird: *»Ehre die wirklichen Witwen«* (5,3-16), lasst bestimmten Ältesten *»doppelte Ehre zuteil werden«* (5,17-18) und gläubige Sklaven sollen ihre ungläubigen Herren *»aller Ehre würdig erachten«*. *»Ehre«* ist also das Schlüsselwort. Im Fall der verlassenen Witwen (5,16) und bestimmter Ältester (5,17) beinhaltet Ehre sowohl Respekt als auch materielle Zuwendungen. »Alle Ehre« in Bezug auf das Verhalten eines Sklaven gegenüber seinem ungläubigen Herrn bezieht sich auf Respekt und wertvollen Dienst. Der Zusammenhang bestimmt die Nuancen in der Bedeutung des Wortes »Ehre«.

Es ist offensichtlich, dass nicht alle Ältesten in Bezug auf ihre Begabung, ihre Reife, ihren Einfluss, ihre zur Verfügung stehende Zeit, ihre Erfahrung, ihre Redegewandtheit, ihre Führungsqualitäten oder ihr Bibelwissen gleich sind.

Paulus hat so starke Überzeugungen im Hinblick auf das Anrecht auf *»doppelte Ehre«* derer, welche im Wort arbeiten, dass er sein Gebot umgehend unterstreicht.

In Vers 18 zitiert er zwei Bibelabschnitte, um seine Anweisung zu untermauern: *»Denn die Schrift sagt: ›Du sollst dem Ochsen, der da drischt, nicht das Maul verbinden‹«* (5Mo 25,4; 1Kor 9,11) und: *»›Der Arbeiter ist seines Lohnes wert‹«* (Lk 10,7). Dem schwer arbeitenden Ochsen darf sein Anteil an der Ernte nicht verweigert werden und dem Arbeiter steht sein Lohn zu.

Auf gleiche Weise ist der arbeitende Älteste der materiellen Zuwendung für seine Bedürfnisse wert. Dies ist ein neutestamentliches Prinzip für Leben und Ordnung in der Gemeinde.

Diese Verse aus 5. Mose, Lukas und 1. Korinther enthüllen uns, was mit »doppelter Ehre« gemeint ist: materielle Entlohnung. Ähnlich schreibt Paulus in Galater 6,6: *»Wer im Wort unterwiesen wird, gebe dem Unterweisenden an allen Gütern Anteil«* (geistlich und materiell, Lk 16,25).

Zwei extreme und unbiblische Ansichten haben über die Jahrhunderte hinweg das schriftgemäße Prinzip der Gleichheit und Vielfalt innerhalb der Ältestenschaft verzerrt. Ein Extrem sakralisiert und professionalisiert einen begabten Ältesten, wodurch er in der Praxis zu einer Art protestantischem Priester wird: Er ist der Pastor, der Oberhirte, der Gesalbte, oder der, welcher allein Segen spenden, predigen und die heiligen Dinge verwalten kann. Das andere Extrem ist, eine völlige Gleichheit unter den Ältesten zu erzwingen, welche keine besondere Begabung, Berufung, Funktion oder finanzielle Versorgung für Einzelne zulässt. Lasst uns mit Gottes Hilfe versuchen, die Anweisungen Christi zu diesem wichtigen Thema richtig und vollständig darzustellen.

Anhang B

Beispiel: Gebetsliste

Gemeinsame Zeit des Bekennens (z. B. Fehler und Vergehen) und der Anbetung

Gemeinsames Gebet für das geistliche Leben in der Gemeinde

1. dringende Nöte
2. besondere Anliegen
3. alte und kranke Geschwister
4. einzelne Personen und Familien der Gemeinde
5. Evangelisation
6. Missionare
7. Regierung, sowohl regional als auch landesweit

Aufteilung in kleine Gruppen, um persönliche Anliegen auszutauschen und füreinander zu beten

Anhang C

Beispiel: Agenda

Datum:

Anwesende:

1. Gemeinsame Gebetszeit

2. Verlesung und Bestätigung des Protokolls

Die Verlesung und Bestätigung des Protokolls ruft die Beschlüsse und das Erreichte der letzten Sitzung in Erinnerung und sammelt die Gedanken der Teilnehmer für die vor ihnen liegende Arbeit. Sie dient auch dazu, die Ausführung von zugeteilten Aufgaben zu überprüfen und schafft damit einen formalen Weg der gegenseitigen Verantwortung.

3. Hauptdebatte

Die Agenda sollte so strukturiert sein, dass der größte Teil der Besprechung wichtigen Gemeindefragen gewidmet werden kann. Zum Beispiel:

- das geistliche Wohl der Gemeinde

- Sicht und Ziele für die Zukunft der Gemeinde
- Bewertung und Zielsetzung der Lehrdienste innerhalb der Gemeinde
- Lehrplan und Arbeitsweise der Sonntagsschule
- Chor und musikalische Aktivitäten der Gemeinde
- Gebetsstunden der Gemeinde
- die Sicht der Gemeinde für weltweite Mission
- regionale evangelistische Aktivitäten
- Bewertung der Gemeindezusammenkünfte
- Leiterschaft und Förderung potenzieller Ältester
- Gründen weiterer Gemeinden
- Integration neuer Gemeindeglieder
- der Dienst der Ältesten und nötige Verbesserungen
- spezielle Lehrfragen und Probleme

4. *Kleinere Tagespunkte (unter Angabe der etwaigen Zeit und der für den Diskussionspunkt zuständigen Person)*

Es gibt viele kurze Tagespunkte, bei denen der Gruppe eine Entscheidung oder ein Rat abverlangt wird, wie zum Beispiel das Festlegen von wichtigen Terminen, Beantwortung von Fragen, die eine Person oder ein Kreis an die Ältesten gerichtet hat, Koordinierung von wichtigen Telefonanrufen oder Besuchen, Weiterleitung einer Aufgabe an jemanden außerhalb der Ältestenschaft oder das Lösen eines Problems. Dieser Abschnitt der Sitzung kann Berichte über durchgeführte Besuchsdienste beinhalten, aber auch sonstige Mitteilungen.

Es ist wichtig, diese kurzen Themen nach ihrer Priorität zu ordnen und zeitlich zu begrenzen. Wir dürfen nicht zulassen, dass unsere Besprechungen mit zweitrangigen Dingen oberflächlich werden und wir nicht zu den wirklich wichtigen Gemeindefragen vordringen.

»Wenn die Themen einer Agenda nicht nach ihrer Priorität geordnet werden, nehmen die weniger wichtigen Punkte oft die meiste Zeit der Sitzung in Anspruch und die wichtigsten Fragen erhalten nicht die Aufmerksamkeit, die ihnen zusteht.«[1] Wenn zu viele kurze Tagespunkte eine Besprechung zu erdrücken drohen, sollten sie auf mehrere Sitzungen verteilt werden. Wenn ein scheinbar kurzer Diskussionspunkt zu einem Hauptthema ausufert, sollte er auf die Liste zukünftiger Diskussionspunkte gesetzt werden.

Die kleineren Tagespunkte können auch vor die Hauptdebatte gesetzt oder aber aufgeteilt werden, so dass ein Teil vor und ein anderer Teil nach der Hauptdebatte abgehandelt wird.

5. Zusammenfassung der Sitzung

6. Liste der zu erledigenden Aufgaben

Dies dient sowohl den Einzelnen als auch der Gruppe.

7. Abschließende Gebetszeit

8. Zukünftige Diskussionspunkte

Die Themen sollten aufgelistet und nach ihrer Priorität

sortiert werden. Auf diese Weise kann jeder sehen, welche Punkte anstehen, und sich im Vorfeld Gedanken hierzu machen.

Anmerkungen

Einleitung

1. 3. Mose 10,1-3

Teil I

1. Tennyson, *Making Commitees Work*, S. 20.
2. Charles Bridges, *A Modern Study in the Book of Proverbs* (Milford, Mich.: Mort Media 1978), S. 610.
3. 1Kor 4,16; 11,1; Phil 3,17; 4,9; 1Thes 1,6; 2Thes 3,9; 2Tim 3,10; 1Petr 5,3.
4. 1Thes 5,11; 2Thes 1,2-4; 2Tim 1,2-3; Phim 4,5; Hebr 3,13; 10,26.
5. Kenneth O. Gangel, *Feeding and Leading* (Wheaton, Ill.: Victor, 1989), S. 313.
6. Gangel, *Feeding and Leading*, S. 309.
7. A. B. Bruce, *The Training of the Twelve* (1894; Grand Rapids, Mich.: Kregel, 1988), S. 13.
8. Bruce Stabbert, *The Team Concept: Paul's Leadership Pattern or Ours?* (Tacoma, Wash.: Hegg, 1982), S. 167.

Teil 2

1. Siehe Alexander Strauch, *Biblische Ältestenschaft: Ein Aufruf zu schriftgemäßer Gemeindeleitung* (Christliche Verlagsgesellschaft, Dillenburg 2002, 2. Aufl.), S. 205ff.
2. Stabbert, *The Team Concept*, S. 177-81.
3. Hans Finzel, *The Top Ten Mistakes Leaders Make* (Wheaton, Ill.: Victor, 1994), S. 121.
4. Kenneth O. Gangel, *Team Leadership in Christian Ministry* (Chicago: Moody Press, 1997), S. 160.
5. A. J. Broomhall, *Hudson Taylor and China's Open Century*, 7 Bände, Bd 5: Refiner's Fire (London: Hodder and Stoughton, 1985), S. 342.
6. Richard N. Longenecker, »Acts«. In *The Expositor's Bible Commentary*, 12 Bände. (Grand Rapids, Mich.: Zondervan, 1981), Band 9, S. 289.
7. Alex Witchel »Restaurants' Message: No Cell Phones.« *The New York Times* (5. Mai 1999; Internet Archive).
8. Tennyson, *Making Commitees Work*, S. 44.
9. Derek Kidner schlägt vor, dass Sprüche 14,23 als Wandspruch eingerahmt und in jeden Sitzungsraum gehangen werden sollte. *Proverbs*, Tyndale Old Testament Commentaries (Downers Grove, Ill.: InterVarsity, 1964), S. 47.
10. Charlie Hawkins, *First Aid for Meetings* (Wilsonville, Ore.: BookPartners, 1997), S. 131.
11. Hawkins, *First Aid for Meetings*, S. 81.
12. Roger K. Mosvick und Robert B. Nelson, *We've*

Got to Start a Meeting Like This! A Guide to Successful Meeting Management, revidiert (Indianapolis: Park Ave. Productions, 1996), S. 119.
13. Leon Morris, *The Epistle to the Romans* (Grand Rapids, Mich.: Eerdmans, 1988), S. 446.
14. Morris, *The Epistle to the Romans*, S. 446.
15. Morris, *The Epistle to the Romans*, S. 447.

Anhang A

1. Siehe Strauch, *Biblische Ältestenschaft*, S. 48-51.

Anhang C

1. Hawkins, *First Aid for Meetings*, S. 45.

Merkzettel für Ältestentreffen

1. *Unterschätzt nicht die Wichtigkeit der Treffen!*

Die Ältestentreffen stellen sozusagen das zentrale Nervensystem im Leib der Ortsgemeinde dar.

Sie beeinflussen eindeutig das geistliche Wohl der Gemeinde. Solche Besprechungen formen den Charakter, schaffen ein Zusammengehörigkeitsgefühl, halten die Hirten in der Rechenschaft, klären Lehrfragen, erzeugen eine geistliche Schau und entzünden die Kraft des Gebetes. Des Weiteren bieten diese Zusammenkünfte ein Trainingsfeld für zukünftige Älteste.

2. *Spiegelt die Gesinnung und das Verhaltung Christi wider!*

Sündhafte Einstellungen bewirken unerfreuliche Zusammenkünfte, eine gottesfürchtige Haltung trägt zu erfreulichen Treffen bei. Die Gesinnung Christi, der Demut und Selbstaufopferung sollte jede Besprechung durchdringen und die Einstellung jedes Teilnehmers prägen. Das neue Gebot der Liebe setzt den Maßstab für das Verhalten bei unseren Zusammenkünften. Die Ältesten sollten einander in Demut als Brüder in Christus und gegenseitige Diener begegnen.

3. *Übernehmt persönlich Verantwortung für den Erfolg des Treffens!*

Effektive Treffen sind ein Resultat davon, dass jeder Teilnehmer die Verantwortung für den Erfolg, die Aufgaben und die Entscheidungen einer Zusammenkunft übernimmt. Ein verantwortungsvoller Teilnehmer sollte:

- der Gruppe helfen, beim Thema zu bleiben;
- gut zuhören und, wenn nötig, um Klarstellung bitten;
- seine Meinung äußern, ohne zum »Schwätzer« zu werden;
- stets darum bemüht sein, der Gruppe zur Entscheidungsfindung zu helfen;
- Aufgaben bereitwillig annehmen und sie ausführen.

4. *Manipuliert nicht, sondern redet die Wahrheit in Liebe!*

Manipulierende Menschen erniedrigen ihren eigenen Charakter, erwecken Misstrauen bei ihren Kollegen, zerstören Beziehungen, wecken diese Wesenszüge bei anderen, geben Satan Raum und öffnen sich selbst für weiteren Betrug. Wenn jedoch jeder Älteste offen und in Liebe die Wahrheit spricht, dann wird kostbare Zeit und Energie nicht damit verschwendet, sich Sorgen über versteckte Ziele, Hinterzimmerpolitik oder zerstörerische Hinterhältigkeiten machen zu müssen.

5. *Sammelt Fakten, bevor ihr Urteile fällt!*

Wenn wir Entscheidungen treffen und uns mit Gerüchten, Anschuldigungen oder menschlichen Problemen beschäftigen, stehen wir in der Verantwortung, zunächst einmal alle Fakten, sowohl Für als auch Wider, zu sammeln. Wir sollten mit Gottes Hilfe versuchen, objektiv und unvoreingenommen zuzuhören und entsprechend zu entscheiden.

6. *Seid verschwiegen!*

Die Verschwiegenheit zu missachten, kann den Ruf eines Ältesten zerstören und die gesamte Ältestenschaft in Verruf bringen. Aussagen über die Privatsphäre anderer Gemeindeglieder, die während der Besprechung von einem Ältesten gemacht werden, sollten nicht an Außenstehende weitergegeben werden. Ein Ältester sollte sorgfältig abwägen, ob er bestimmte Informationen seiner Frau weitergibt.

7. *Versucht, euch klar mitzuteilen!*

Wir sollten in der Kommunikation die Initiative ergreifen und auf Dinge achten, die einer guten Kommunikation im Wege stehen. Es ist wichtig, gütig, milde, barmherzig und taktvoll zu reden. Wenn jemandem eine Aufgabe zugeteilt wird, sollte dies mit klaren und ausreichenden Anweisungen geschehen. Unsere Beschlüsse müssen allen Personen und Gruppen mitgeteilt werden, die dadurch beeinflusst werden. Denken wir daran, dass Menschen immer wieder Ermutigung benötigen.

8. Zeigt Interesse an Menschen!

Nehmt euch Zeit, um die Bedürfnisse des Volkes Gottes zu besprechen. Informiert euch gegenseitig über neue Gesichter in der Gemeinde, aber auch über verirrte Schafe, denen nachgegangen werden muss. Erstattet euch gegenseitig Bericht über geschehene Besuchsdienste, dringende Telefongespräche und Kranke in der Gemeinde. Ladet regelmäßig andere wichtige Verantwortungsträger der Gemeinde zu euren Treffen ein, um Informationen auszutauschen und um Rechenschaft abzulegen. Die fürsorgende Anweisung und Ermutigung der Ältesten wird diese Leiter motivieren, weiterzumachen und ihren Dienst zu verbessern. Missionare im Heimataufenthalt benötigen vertrauliche Zeit mit den Ältesten, um ihnen ihre besonderen Nöte mitzuteilen und Wegweisung zu suchen.

9. Macht das Gebet zu einer Priorität!

Biblische Älteste sind betende Älteste. Wir sollten die Gemeindeglieder beständig nach ihren Gebetsanliegen fragen und von einer vorbereiteten Gebetsliste Gebrauch machen. Wir können jemanden bestimmen, der für die Koordination unserer gemeinsamen Gebetszeiten zuständig ist. Vermeidet lange, ausgedehnte Gebete und betet dafür lieber mehrmals. Man kann sich für 5-10 Minuten in Zweiergruppen aufteilen, um persönliche Anliegen auszutauschen und füreinander zu beten. Seid kreativ, beschreitet neue Wege und wertet eure gemeinsame Gebetszeit von Zeit zu Zeit immer wieder aus.

10. Konzentriert euch auf das Wort Gottes!

Die Ältesten haben den fundamentalen Auftrag, die unumstößlichen Glaubensgrundsätze, die allgemeine Ausrichtung, die vorrangigen Aufgaben, die Wertvorstellungen, die geistliche Schau und das Auftragsverständnis der Gemeinde zu definieren, klarzustellen und, wenn nötig, zu korrigieren. Der Ältestenrat sollte ein eigenes Konzept zur Gemeindebelehrung entwickeln und ständig auswerten, die verschiedenen Lehrdienste innerhalb der Gemeinde definieren und bewerten, alle Sonntagsschul- und Bibelstudienmaterialien begutachten, die in der Gemeinde Verwendung finden sollen, alle Mitarbeiter, die in der Gemeinde Lehrtätigkeiten ausüben, überprüfen und bestätigen, einen lehrmäßigen Leitfaden für alle Mitarbeiter zur Verfügung stellen, festlegen, nach welchen Methoden biblische Lehre vermittelt werden soll, und evangelistische Aktivitäten planen.

11. Trachtet nach einer guten Gesprächsführung!

Ein Gesprächsleiter oder Moderator ist für fruchtbringende Zusammenkünfte unverzichtbar. Ein Gesprächsführer übernimmt die Verantwortung für den Verlauf der Besprechung, aber er ist nicht der »Chef« oder alleinige Redner. Ein Moderator enthebt die anderen Teilnehmer nicht ihrer Leitungsverantwortung oder ihrer aktiven Teilnahme. Jeder Älteste sollte zu bestimmten Gelegenheiten und auf verschiedene Weise die Führung übernehmen. Bevor man zum nächsten Diskussionspunkt übergeht, sollte der Gesprächsleiter den Beschluss noch einmal deutlich zusammenfassen und klarstellen, welche Aufgabe von wem erledigt werden soll.

12. Orientiert euch an einer gut geplanten Agenda!

Eine vorbereitete Agenda, die mit anderen durchgesprochen, sorgfältig durchdacht, nach Prioritäten geordnet und von unnötigen Dingen gesäubert worden ist, hat eine produktivere Besprechung zur Folge. Die Ältesten sollten den Inhalt ihrer Agenda bewusst steuern, um sicherzustellen, dass Themen, die für das geistliche Wohl der Gemeinde wichtig sind, nicht ignoriert werden. Besprecht mehrmals im Jahr, welche Hauptthemen auf zukünftige Agenden gesetzt werden müssen. Überlegt, ob ihr eine gesonderte Agenda für komplexe und schwierige Diskussionen erstellen wollt, wie etwa bei der Behandlung von Lehrfragen. Wenn sich andere Verantwortliche der Gemeinde mit den Ältesten treffen, ist es oft hilfreich, auch hierfür eine gesonderte Agenda zu erstellen.

13. Fasst das durch die Sitzung Erreichte zusammen!

Am Ende jedes Treffens sollte noch einmal zusammengefasst werden, was entschieden und erreicht wurde. Dabei ist es gut, alle verteilten Aufgaben zu wiederholen und die dafür zuständigen Personen zu nennen. Die folgenden drei Schlüsselfragen sollten nie unbeantwortet bleiben:

- Was genau muss getan werden?
- Wer ist für die Umsetzung des Beschlusses zuständig?
- Wann soll die praktische Umsetzung erfolgen?

14. Haltet die Sitzungen schriftlich fest!

Die Verlesung des vorherigen Protokolls zu Beginn einer neuen Sitzung schafft einen formalen Weg, die Durchführung der darin zugeteilten Aufgaben zu überprüfen. Protokolle sollten das Datum des Treffens, Namen der anwesenden Personen, Hauptdiskussionspunkte, Beschlüsse und sich daraus ergebende Aktivitäten unter Nennung der damit beauftragten Personen beinhalten.

Zusätzlich sollte ein Ordner angelegt werden, in dem Berichte über alle grundlegenden Entscheidungen und Richtlinien dokumentiert sind, welche die Ältestenschaft im Laufe der Jahre festgelegt hat. Dieser Ordner darf bei keiner Ältestensitzung fehlen, um gegebenenfalls Dinge nachschlagen zu können.

15. Delegieren

Lasst euch nicht durch zweitrangige Themen, wie etwa die Instandhaltung des Gebäudes, von der Verantwortung ablenken, die das Neue Testament insbesondere den Ältesten zuschreibt. Delegiert so viel wie möglich an andere. Der Dienst der örtlichen Gemeinde sollte von allen Gliedern mitgetragen werden. Wenn die Ältesten die Geschwister richtig belehren, fördern und die nötigen Strukturen schaffen, dann sollten viele in der Gemeinde Anteil am Dienst gegenüber den Gläubigen haben und ebenso die Ungläubigen mit dem Evangelium erreichen wollen.

16. Überprüft euch!

Gute Besprechungen können besser werden und ein guter Leiter kann immer noch dazu lernen. Schafft eine Atmosphäre, in der Selbstüberprüfung willkommen geheißen und erwartet wird. Wertet die Dinge beständig aus und haltet Ausschau nach Möglichkeiten, um die Treffen zu verbessern.

17. Setzt jede Besprechung zur Ehre Gottes ein!

Es gibt weniges, was eine Gemeinde mehr fesselt, als ihre eigenen Leiter geistlich wachsen und dann mit frischen Ideen und der entsprechenden Sicht voranschreiten zu sehen. Was immer ihr als Älteste tut, tut es zur

Ehre Gottes, *»im Fleiß nicht säumig, brennend im Geist, dem Herrn dienend«* (Röm 12,11).

Bitten wir denjenigen, vor dem wir einmal alle Rechenschaft ablegen müssen, uns bei der Umsetzung der in diesem Buch aufgezeigten Prinzipien zu helfen, damit unsere Zusammenkünfte fruchtbringender werden.

Sachindex

Verzeichnis der Bibelstellen

Altes Testament

Neues Testament

Vom selben Autor

Alexander Strauch
Biblische Ältestenschaft
Ein Aufruf zu schriftgemäßer Gemeindeleitung

Geb., 384 Seiten, € 15,90
ISBN 3-89436-327-4

Ein Aufruf zu einer schlichten neutestamentlichen Gemeindeleitung nach dem Modell von Philipper 1,1 (»Heilige, Älteste und Diener«) anstelle eines »Ein-Mann-Monopols«.

Alexander Strauch
Der neutestamentliche Diakon

Geb., 192 Seiten, € 12,90
ISBN 3-89436-275-8

Ausgehend von Apostelgeschichte 6 entwickelt der Autor Prinzipien eines neutestamentlichen Diakonats und füllt damit eine lange vorhandene empfindliche Lücke in der Literatur zu Gemeinde und biblischer Leiterschaft.

Christliche Verlagsgesellschaft Dillenburg

Weitere Gemeindethemen

Warum gehe ich in diese Gemeinde?

Tb, 80 Seiten, € 4,90
ISBN 3-89436-147-6

Ich möchte mich taufen lassen

Tb, 80 Seiten, € 4,90
ISBN 3-89436-068-2

Abendmahl, Gedächtnismahl, Brotbrechen

Tb, 80 Seiten, € 4,90
ISBN 3-89436-195-6

Handbuch der geistlichen Gaben

Tb, 176 Seiten, € 7,90
ISBN 3-89436-306-1

Den Bruder und die Schwester gewinnen

Wie geschieht korrektive Gemeindeseelsorge?

Tb, 224 Seiten, € 7,90
ISBN 3-89436-273-1